An ARCO Book

ARCO is a registered trademark of Thomson Learning, Inc., and is used herein under license by Thomson Peterson's.

About Thomson Peterson's

Thomson Peterson's (www.petersons.com) is a leading provider of education information and advice, with books and online resources focusing on education search, test preparation, and financial aid. Its Web site offers searchable databases and interactive tools for contacting educational institutions, online practice tests and instruction, and planning tools for securing financial aid. Peterson's serves 110 million education consumers annually.

For more information, contact Peterson's, 2000 Lenox Drive, Lawrenceville, NJ 08648; 800-338-3282; or find us on the World Wide Web at www.petersons.com/about.

© 2003 Thomson Peterson's, a part of The Thomson Corporation
Thomson Learning™ is a trademark used herein under license.

Petersons.com/publishing

Check out our Web site at www.petersons.com/publishing to see if there is any new information regarding the test and any revisions or corrections to the content of this book. We've made sure the information in this book is accurate and up-to-date; however, the test format or content may have changed since the time of publication.

Printed in the United States of America

Second Edition

ABOUT INTERLINGUA PUBLISHING

InterLingua Publishing is a company focused on the growing non-English speaking population in our nation's schools. Founded in 1992, InterLingua offers both translation and publishing services to teachers, administrators, and school systems in all 50 states.

As a translation service, InterLingua has worked with dozens of schools systems to translate curricula and supplemental materials, newsletters, notices, report cards, correspondence, etc., between English and 150 foreign languages.

As a publisher, InterLingua has developed a wide range of supplemental bilingual materials, including

- The Spanish language GED preparation materials described on this website

- A series of bilingual high-school and college level math, science and literature study aids that can be viewed on a computer or listened to on an iPod® or MP3 player

- A series of bilingual mathematics assessment tests for grades 3-4, 5-6, and 7-8

- A series of bilingual math test prep workbooks for grades 3-4, 5-6, and 7-8, and

- A series of bilingual math glossaries for elementary, intermediate and secondary school students, and,

- A family of multilingual teaching aids that teachers, parents and students can use to improve the learning experience

With over 10 percent of the students nationwide classified as English Language Learners, InterLingua is committed to developing materials that can improve performance in today's multilingual classroom.

ACERCA DE INTERLINGUA PUBLISHING

InterLingua Publishing es una compañía enfocada al crecimiento de la población que no habla inglés en las escuelas de nuestra nación. Fundada en 1992, InterLingua ofrece servicios de traducción y publicación para maestros, administradores y sistemas escolares de los 50 estados de nuestro país.

Como compañía de traducción, InterLingua ha trabajado con docenas de sistemas escolares para traducir al inglés y a más de 150 idiomas materiales de estudio principal y suplemental, boletines informativos, noticias, libretas de calificaciones, correspondencia, etc.

Como compañía de publicaciones, InterLingua ha desarrollado un amplio rango de material suplemental bilingüe, incluyendo:

- El material de preparación para el examen del GED en español, descrito en este sitio de Internet.

- Las series bilingües de ayuda para la educación secundaria (high school) y terciaria (college) de literatura, ciencias y matemáticas. Estas series pueden ser leídas usando una computadora o escuchadas en un Ipod® o reproductor de archivos MP3.

- Las series bilingües de evaluación de matemáticas para grados 3-4, 5-6 y 7-8

- Las series bilingües de material de preparación de matemáticas para grados 3-4, 5-6 y 7-8

- Las series bilingües de glosarios para estudiantes de matemáticas de las escuelas primarias (elementary), secundaria básica (junior high school) y secundaria superior (high school).

- Una familia completa de ayuda multilingüe para que maestros, parientes y estudiantes utilicen para mejorar sus experiencias de aprendizaje.

Con más del 10% de los estudiantes del país clasificados como aprendices del idioma inglés (English Language Learners), InterLingua se compromete a desarrollar material para mejorar el rendimiento de los salones de clases multilingües de hoy día.

InterLingua
Publishing

423 S. Pacific Coast Hwy, Suite 208 Redondo Beach, CA 90277
Tel: 310.792.3635 • Fax: 509.278.2019 e-mail:sales@SpanishGED.org

Table of Contents

Índice

Introduction

WHAT IS THE GED?

The General Educational Development (GED) tests are a series of examinations designed to determine whether the person taking them has the literacy and computational skills equivalent to those of the upper two thirds of the students currently graduating from high schools in the United States. The tests are sponsored by the American Council on Education, a nonprofit educational organization located in Washington, D.C.

Since 1942, millions of adults have earned their high school credentials by passing the GED. More than 1 million adults take the GED test each year, and more than 600,000 of them are awarded high school equivalency diplomas. Although passing rates vary widely from state to state, about 75 percent of all test takers pass the five-part exam. All fifty states, the District of Columbia, nine United States territories and possessions, and ten Canadian provinces use GED results as the basis for issuing high school equivalency diplomas. All tests are administered under the supervision of state or (in Canada) provincial offices at designated GED testing centers (there are about 2900 such centers), and the standards for a passing grade are set by each state or province. In addition, federal and state correctional and health institutions and the military services also administer the tests to people in their institutions.

What do the tests measure? According to the American Council on Education, the tests measure "broad concepts and general knowledge, not how well they (candidates) remember details, precise definitions, or historical facts. Thus, the tests do not penalize candidates who lack recent academic or classroom experience or who have acquired their education informally."

There have been many different versions and forms of the GED test over the years. The most recent version became available at the beginning of 2002. If you have taken the GED test before, you will notice that this new version contains substantial changes from the previous (1988) version.

This book was written to prepare you to successfully pass the current form of the GED exam.

Some of the new aspects of the new math exam include

a. A 25-question section on which you are permitted to use a scientific calculator

b. 20% Alternate Format (non-multiple-choice) questions

c. Increased emphasis on Data Analysis and Statistics

d. Increased emphasis on mental math, estimation, and problem solving techniques

Introducción

¿QUÉ ES EL GED?

Las pruebas de Desarrollo Educativo General (GED) son una serie de exámenes diseñados para determinar si la persona que los rinde cuenta con capacidades de lectoescritura y de cálculo equivalentes a las de los dos tercios superiores de los estudiantes que en la actualidad se gradúan en las escuelas secundarias de los Estados Unidos. Estas pruebas son patrocinadas por el Consejo Americano de Educación (American Council on Education), una organización educacional sin fines de lucro con sede en Washington, D.C.

Desde el año 1942, millones de adultos han obtenido un título de la escuela secundaria aprobando el GED. Cada año, más de 1 millón de personas rinden la prueba del GED y más de 600,000 de ellos reciben diplomas de equivalencia de la escuela secundaria. Si bien los porcentajes de aprobación varían ampliamente de un estado a otro, alrededor del 75% del total de personas examinadas aprueban el examen de cuatro partes. Los cincuenta estados, el Distrito de Columbia, nueve territorios y posesiones de los Estados Unidos, así como diez provincias canadienses utilizan los resultados del GED como referencia para otorgar diplomas de equivalencia de la escuela secundaria. Todas las pruebas se toman bajo la supervisión de funcionarios estatales (Estados Unidos) o provinciales (Canadá), en centros de evaluación del GED especialmente designados. Existen unos 2900 centros de este tipo y cada estado o provincia establece las normas para aprobar el examen. Además, las instituciones correccionales y de salud federales y estatales, así como las fuerzas armadas, también toman dichas pruebas a quienes se encuentran en tales instituciones.

¿Qué se mide con las pruebas? De acuerdo con el Consejo Americano de Educación, las pruebas miden "conceptos amplios y conocimientos generales, y no en qué medida un candidato recuerda detalles, definiciones precisas o hechos históricos. De esta forma, en las pruebas no se penaliza a los candidatos que carecen de reciente experiencia académica o en el aula, o que adquirieron su educación informalmente".

A lo largo de los años, existieron muchas versiones y variaciones de la prueba del GED. La versión más reciente se utiliza desde principios de 2002. Quienes hayan rendido la prueba del GED antes de esa fecha notarán que esta nueva versión contiene cambios sustanciales con respecto a la de 1988.

Este libro fue redactado a fin de permitir al estudiante aprobar con éxito la versión actual del examen del GED.

Entre los aspectos más novedosos de la última versión del examen de matemáticas podemos mencionar los siguientes:

a. Una sección de 25 preguntas en las que se permite utilizar una calculadora científica

b. El 20% de las preguntas tienen un formato alternativo (no ofrecen respuestas con opciones múltiples)

c. Un mayor énfasis en el análisis de datos y la estadística

d. Un mayor énfasis en respuestas que requieren cálculos matemáticos mentales, estimaciones y técnicas de resolución de problemas

WHAT SUBJECTS ARE TESTED IN THE GED BATTERY?

The GED consists of tests in five content areas. The chart tells you what will be on each test, how many questions there will be, and how much time you will have to complete each exam.

Test	Content Areas	Number of Questions	Time Limit (minutes)
Language Arts: Writing I	Correction – 45% Revision – 35% Construction Shift – 20%	50	75
Language Arts: Writing II	Essay	250 words	45
Social Studies	US History – 25% World History – 15% Geography – 15% Civics & Government – 25% Economics – 20%	50	75
Science	Life Science – 45% Earth Science – 20% Physical Science – 35% (Physics, Chemistry)	50	86
Language Arts: Reading	Poetry – 15% Drama – 15% Fiction – 45% Nonfiction Prose – 25%	40	65
Mathematics Booklet One: Calculator Booklet Two: No Calculator	Numbers, Number Sense, Operations – 25% Data, Statistics, Probability – 25% Geometry and Measurement – 25% Algebra, Functions, Patterns – 25%	50	90

To pass the **Language Arts, Writing Test**, you will need to know how to communicate with the written word in today's world. Business communications are a large part of the knowledge you will need: how to write letters and memos, how to write reports and complete applications. Since all of these require proper grammar and punctuation, this skill is part of the testing process. What is not tested is "every day" spelling since so much writing and composition is done today on computers and other machines with spell checkers.

The test on Writing also looks for composition skills—do the thoughts flow in a normal sequence. Is there a smooth or logical transition between paragraphs? All of these are part of writing. An essay is required and will be graded.

¿QUÉ TEMAS SE EVALÚAN EN LA SERIE DE PRUEBAS DEL GED?

El GED consiste en pruebas sobre cinco áreas temáticas. La siguiente tabla indica el contenido de cada prueba, la cantidad de preguntas y el tiempo disponible para completar el examen.

Prueba	Áreas de contenido	Cantidad de preguntas	Tiempo disponible (minutos)
Lengua: Redacción I	Corrección – 45% Revisión – 35% Reestructuración sintáctica – 20%	50	75
Lengua: Redacción II	Ensayo	250 palabras	45
Estudios Sociales	Historia de los EE.UU. – 25% Historia mundial – 15% Geografía – 15% Instrucción cívica y gobierno – 25% Economía – 20%	50	75
Ciencias	Biociencias – 45% Ciencias de la Tierra – 20% Ciencias físicas – 35% (Física y Química)	50	86
Lengua: Lectura	Poesía – 15% Drama – 15% Ficción – 45% Prosa no ficcional – 25%	40	65

Matemáticas
  Folleto uno:
    Con calculadora
  Folleto dos:
    Sin calculadora
	Números, sentido numérico, operaciones – 25%
	Datos, estadística, probabilidad – 25%
	Geometría y medición – 25%
	Álgebra, funciones y patrones – 25%
		50	90

Para aprobar la **Prueba de Lengua sobre Redacción** es necesario saber comunicarse por escrito en el ambiente del mundo moderno. Las comunicaciones de negocios constituyen gran parte del conocimiento necesario para aprobar este examen; por ejemplo, cómo escribir cartas y memorandos, redactar informes y completar solicitudes. Puesto que todas estas actividades requieren una gramática y una puntuación correctas, las mismas se han incorporado al proceso de evaluación. No se evalúa la ortografía de uso cotidiano, puesto que gran parte de la redacción y la composición se hacen hoy en computadoras y otras máquinas que disponen de correctores ortográficos.

La prueba de Redacción también considera las habilidades de composición, es decir, evalúa si el flujo de pensamiento sigue una secuencia normal. ¿Hay una transición homogénea y lógica entre los párrafos? Todo eso forma parte de la redacción. Es necesario redactar un ensayo, el cual será calificado.

The **Language Arts, Reading Test** looks for comprehension and analysis of what has been read. Most of the focus will be on fiction, but there will also be some content on nonfiction, including reading a business document. The test will also see if you can apply what you've read.

The **Science Test** requires knowledge of a wide range of subjects and is based on the National Science Education Content Standards. The topics include earth and space science, physics, chemistry, and environmental and health sciences, with an emphasis on the latter. Tested will be an understanding of concepts and problem-solving skills.

The **Social Studies Test** covers United States history, world history, economics, civics, and government.

The **Mathematics Test** is usually the part of the exam most universally feared by candidates. In reality, it shouldn't be. Many of the questions can be solved by using the basic arithmetic operations of addition, subtraction, multiplication, and division. In addition, there are some questions involving elementary algebra and plane geometry, as well as questions based on data interpretation, basic statistics, and probability. Many of the questions are presented as word problems, involving real-life situations. Others ask you to interpret information presented in graphs, tables, charts, or diagrams. You will be given a sheet of important formulas to help you solve the problems on the test. All scrap paper will be collected at the conclusion of the test.

The test itself lasts for 90 minutes and consists of two different sections. Each section contains 25 questions, but the concepts tested in the two different sections vary substantially. In the first section, you will be allowed to use a hand-held scientific calculator. In fact, before the test begins, you will be given a calculator to use and a practice worksheet to help make you more comfortable with the calculator. In this section, as you might guess, you will not have any questions that ask you to simply perform mathematical computations. The questions in this section emphasize mathematical understanding and application, and the calculator enables the test makers to ask you word problems with realistic numbers. Since you will not have to spend a lot a time performing computations on this section, completing this section should take you a good deal less time than completing the second section.

In the second section, you must answer your questions without the aid of a calculator, and this means that you will have to perform all of your computations by hand. In spite of this, the emphasis in this section is on mental math and estimation. For example, some of the questions will ask you how you would go about solving a particular problem, but not require you to actually solve it!

Each of the two sections on the test contains a number of "Alternate Format" questions. These questions do not contain the usual multiple choices; instead, they require you to figure out your answer and code it into a special grid. Later on, there will be a section that will show you how to code your answers into these grids.

PREPARING TO TAKE THE TEST

Generally, there are two kinds of tests. The most widespread is called a power test, and it measures what you know, not how fast you can produce an answer. In a power test, you are generally given a liberal amount of time to complete a specific number of tasks or to answer a specific number of questions. The second kind of test is called a time test. In a time test, you are competing with the other candidates to see who can give the greatest number of correct answers within a very limited amount of time. The SAT is an example of a rigidly enforced time test, because it is essentially a competition among prospective college entrants to determine who will achieve high scores and be rewarded with admission to desired colleges.

La **Prueba de Lengua sobre Lectura** califica la comprensión y el análisis de los textos leídos. La mayor parte del enfoque es la ficción, aunque también incluye contenido factual o no ficcional, que incluye la lectura de un documento de negocios. La prueba evaluará también si el estudiante está capacitado para poner en práctica el material leído.

La **Prueba de Ciencias** requiere el conocimiento de una amplia gama de materias y se basa en las Normas Nacionales de Contenido de Educación Científica (National Science Education Content Standards). Los temas incluyen ciencias de la Tierra y espaciales, Física, Química y ciencias ambientales y de la salud, con énfasis en esta última. Se evaluarán la comprensión de conceptos y las habilidades para la resolución de problemas.

La **Prueba de Estudios Sociales** abarca la historia de los Estados Unidos, la historia mundial, economía, instrucción cívica y la forma de gobierno.

La **Prueba de Matemáticas** es normalmente la parte del examen que más amedrenta a los candidatos, pero no debería ser así. La mayoría de las preguntas se pueden resolver usando las operaciones aritméticas básicas de suma, resta, multiplicación y división. Además, hay algunas preguntas que requieren conocimientos de álgebra y geometría plana elementales, y otras basadas en la interpretación de datos, la estadística básica y la teoría de la probabilidad. Muchas de las preguntas se presentan como problemas expresados verbalmente que describen situaciones de la vida real. Otras, requieren interpretar información presentada en gráficos, tablas, cuadros o diagramas. El estudiante recibirá una hoja con las fórmulas más importantes, como ayuda para resolver los problemas de la prueba. Al concluir el examen, los estudiantes deberán entregar todos los papeles borradores que hayan utilizado.

La prueba propiamente dicha dura 90 minutos y consta de dos secciones. Ambas contienen 25 preguntas, pero los conceptos evaluados en cada una de ellas varían sustancialmente. En la primera sección se permitirá utilizar una calculadora científica portátil. De hecho, antes de comenzar la prueba, el estudiante recibirá una calculadora y una planilla de cálculo con fines de práctica. Esto le permitirá familiarizarse con el uso de la calculadora. Como quizás ya lo haya deducido, en esta sección no habrá preguntas que simplemente soliciten realizar cálculos matemáticos. Las preguntas de esta sección ponen de relieve la comprensión y la aplicación de la matemática, y la calculadora permite a quienes preparan la prueba plantear problemas verbales con números basados en la realidad. Como no será necesario dedicar mucho tiempo a los cálculos, completar esta sección requiere mucho menos tiempo del que se necesita para la segunda sección.

En la segunda sección, el estudiante deberá responder las preguntas sin ayuda de la calculadora, de modo que tendrá que hacer todos los cálculos a mano. A pesar de esto, el énfasis de esta sección reside en la matemática mental y la capacidad de estimación. Por ejemplo, algunas preguntas pedirán que se explique cómo resolver un problema particular, pero sin realmente requerir su resolución.

Las dos secciones de la prueba contienen varias preguntas de "formato alternativo". Estas preguntas no contienen las respuestas usuales con opciones múltiples, sino que requieren una elaboración de la respuesta y su anotación en una tabla o grilla especial. Más adelante veremos una sección que mostrará cómo codificar las respuestas en dichas grillas.

PREPARSE PARA PBA

En general, hay dos tipos de pruebas. El más conocido es la prueba de capacidad, que mide el conocimiento y no la velocidad con que el estudiante puede obtener una respuesta. En esta prueba generalmente se dispone de una gran cantidad de tiempo para llevar a cabo un número específico de tareas o responder un número específico de preguntas. El segundo tipo se denomina prueba de tiempo, en la que el estudiante compite con los demás candidatos para determinar quién puede dar el mayor número de respuestas correctas dentro de un tiempo muy limitado. Las pruebas SAT son un ejemplo en las que el tiempo es estrictamente controlado. Son esencialmente una competencia entre candidatos potenciales para institutos de educación superior: quienes obtienen los más altos puntajes, logran ingresar a ellos.

The GED battery of tests is a blend of a power test and a time test, with greater emphasis on what you know than on how fast you can work out the correct answers. In the GED, you are in competition only with yourself. Of course, you should aim at getting the highest scores you can, but remember that you are not competing with anyone else.

Although the GED is not precisely a time test, there are time limits. Therefore, it is important that you learn to pace yourself. The allowed time for each test is always announced or written on the blackboard by the exam proctor so that you can tell how much time you have. If possible, bring a watch to the exam so that you can keep track of your progress.

In most of the tests, the easiest questions come first, and you should be able to dispose of them quickly. The later questions are apt to be more complex and difficult and therefore greater effort—and time— will be needed to solve them. Always answer the questions you are sure of first, then go back and spend additional time on the ones that you find more difficult.

About 80 percent of the questions on the GED math test are multiple-choice questions that include five possible answers, and only one of the five is correct. The remaining 20 percent of the questions are the Alternate Format questions previously mentioned. To reduce the emphasis on computation by hand, a scientific calculator is provided for the first 25 questions. If you're sure of the correct answer, don't waste time working through the other possibilities. Go on to the next question.

Pay attention to words like "but," "not," "however," "always," "only," and "never." They are often key indicators that signal major ideas. Be wary of absolutes like "greatest" or "least" or "lowest." All questions involving absolutes must be read very carefully!

The new GED exam contains a total of 286 multiple-choice questions and 1 essay to be answered in 7 hours and 35 minutes. The chart on page 4 indicates the makeup of a typical GED test battery.

HOW TO TAKE THE GED TEST

It is not unusual to dislike the concept of tests. Most adults fear tests because they evoke bad memories from childhood when tests given by teachers were always a chore and often a punishment. Therefore, it is important to understand that tests are essentially ways of measuring what you have learned and are not punishments. If you are afraid of tests, the best way to combat that fear is take them as frequently as possible. In this case, familiarity breeds a healthy contempt and can reduce anxiety. Practice tests, such as the ones in this book, give you a chance to simulate in private what you will confront when you actually take the GED battery.

When you are satisfied that you are prepared to take the GED, consider the following test-taking tips:

1. Read every question carefully before attempting to answer it. If you don't understand what is required, ask the proctor for help.

2. Answer the easiest questions first. If you have absolutely no idea about how to answer a particular question, go on to the next one and come back to it later.

3. Try to avoid careless errors, which may occur when you misunderstand what is requested. Do not do more than is required and do not assume that the test is trying to trick you. It probably isn't.

4. Leave no questions unanswered. Since you are not penalized for an incorrect answer on the GED, answer every question. Even when you do not have the vaguest notion about the correct answer, you have a twenty percent chance of being right on a multiple-choice question. By eliminating obviously silly answers, you raise your chances of choosing the right answer.

La serie de exámenes del GED es una combinación de pruebas de capacidad y pruebas de tiempo que pone de manifiesto el conocimiento del estudiante más que la rapidez con que éste puede elaborar respuestas correctas. En el GED, cada uno compite consigo mismo. Desde luego, el objetivo es obtener el máximo puntaje posible, aunque no se esté compitiendo con nadie.

Si bien el GED no es precisamente una prueba de tiempo, hay límites. Por lo tanto, es importante aprender a regular el ritmo de trabajo. El supervisor del examen siempre anuncia el tiempo asignado para cada prueba o lo anota en el pizarrón, lo que permite saber de cuánto tiempo se dispone. Se recomienda llevar un reloj al examen para controlar el tiempo transcurrido.

En la mayoría de las pruebas, las preguntas más fáciles se incluyen al principio y el estudiante puede resolverlas rápidamente. Las últimas preguntas suelen ser más complejas y difíciles, por lo que responderlas requiere más esfuerzo —y más tiempo. Responda siempre primero las preguntas de las que se siente más seguro y luego retroceda y dedique tiempo adicional a las que le resulten más difíciles.

En la prueba de matemática del GED, alrededor del 80% de las preguntas son del tipo de respuestas con opciones múltiples: incluyen cinco respuestas posibles, de las cuales una sola es la respuesta correcta. El 20% restante son las de formato alternativo, mencionadas anteriormente. A fin de reducir el énfasis en el cálculo manual, se proporciona una calculadora científica para responder las primeras 25 preguntas. Si usted está seguro de la respuesta correcta, no debe perder tiempo analizando otras posibilidades, sino que debe continuar con la siguiente pregunta.

Preste atención a palabras tales como "pero", "no", "sin embargo", "siempre", "sólo" y "nunca". A menudo son indicios fundamentales de las ideas principales. Tenga cuidado con los términos absolutos, tales como "el mayor", "el menor" o "el más bajo". ¡Lea atentamente todas las preguntas que utilicen términos absolutos!

El nuevo examen del GED contiene un total de 286 preguntas de respuestas con opciones múltiples y requiere escribir un ensayo. El tiempo total disponible es de 7 horas y 35 minutos. En la tabla de la página 5 se muestra cómo se compone una típica serie de exámenes del GED.

CÓMO RENDIR LA PRUEBA DEL GED

Muchas personas sienten rechazo por las pruebas. La mayoría de los adultos les teme porque evocan malos recuerdos de la niñez, cuando las pruebas que tomaban los maestros eran vistas como una molestia y a menudo como un castigo. Por lo tanto, es importante comprender que estas pruebas no son un castigo, sino esencialmente maneras de medir lo que se ha aprendido. Si se les teme, la mejor manera de superar ese obstáculo es rendirlas tan frecuentemente como sea posible. En este caso, la familiaridad compensa la desconfianza natural y suele reducir la ansiedad. Las pruebas de práctica, tales como las que se incluyen en este libro, brindan al estudiante la oportunidad de simular por su propia cuenta las condiciones que deberá enfrentar al rendir la serie de exámenes del GED.

Una vez que usted se sienta suficientemente preparado para rendir el GED, tenga en cuenta los siguientes consejos durante las pruebas:

1. Lea atentamente cada pregunta antes de intentar responderla. Si no entiende qué se pregunta, solicite ayuda al supervisor.
2. Responda primero las preguntas más fáciles. Si desconoce absolutamente cómo responder una pregunta particular, pase a la siguiente y vuelva a la pregunta difícil más tarde.
3. Trate de evitar los errores causados por descuidos, tales como los que ocurren al no comprender qué respuesta solicita el problema. No trabaje más de lo necesario y no piense que la prueba contiene preguntas engañosas. Probablemente no sea así.
4. No deje preguntas sin responder. Puesto que en el examen del GED no se penalizan las respuestas incorrectas, responda todas las preguntas. Aun cuando no tenga la menor noción acerca de la respuesta correcta, en las preguntas con múltiples opciones de respuesta hay un veinte por ciento de probabilidad de acertar eligiendo al azar. La eliminación de las respuestas que obviamente están equivocadas aumenta la probabilidad de elegir la correcta.

5. Bring chewing gum or hard candy with you to the test. Believe it or not, quietly chewing gum or sucking on hard candy tends to relieve nervousness, according to several prominent psychologists. You won't be allowed to smoke in the test room.

6. Make sure you hand in all your papers and that they all include your name and/or your identifying number and other requested information. Your answers cannot be marked unless your properly identified answer sheet is given to the proctor at the end of the test.

7. Be careful. Make certain that you fill in the blank spaces exactly as you had intended. For example, did you answer question 5 by marking the box reserved for question 6? Did you choose a "correct" answer when the "wrong" answer was requested? Did you answer every question?

WHAT IS A PASSING SCORE?

GED scores are reported as standard scores ranging from 20 to 80 for each test. The raw score (or number of questions answered correctly) is converted to a standard score so that all tests and all forms of the GED battery may be evaluated similarly.

To be successful in passing the GED in most states, a candidate must get a total minimum standard score of 225 on the five tests, with no score of less than 35 on any single test. In general, that means that a candidate who answers just over half of the questions in each test correctly will get a passing score.

To be certain of earning a GED certificate or diploma, candidates should aim to score substantially above the minimum score on as many tests as possible. However, those who fall short of passing a single test or several tests can retake only those sections on which they failed to attain a minimum passing score. Information on retaking the GED test battery is available from the Education Department of each state.

ABOUT THIS BOOK

This book serves two purposes: first, to prepare you for the GED (General Educational Development) examination in mathematics, and second, to help you learn mathematics. Toward that end, the book is divided into three broad sections: arithmetic, algebra, and geometry. Arithmetic is a tool that permits you to solve many mathematical problems. When you know all about arithmetic, you will not know mathematics, but without arithmetic, you could not do very much problem solving. That is probably why the single largest portion of the GED mathematics examination is concerned with arithmetic.

The portion of this book that deals with arithmetic is divided into several sections: The first deals with the arithmetic of whole numbers. Lewis Carroll, who was a mathematician when he wasn't leading Alice through Wonderland, described the four branches of arithmetic as Ambition, Distraction, Uglification, and Decision. We know them better as addition, subtraction, multiplication, and division. The second section deals with fractions—that terrible monster that makes educated children call their mothers liars. I refer, of course, to the mother who fixes a sandwich for lunch and offers to share it with her child. Unselfishly, she says: "You take the bigger half." Alas, by the time the child has reached the third grade, he or she is aware that there is no such thing as a bigger half and is not shy about saying so. Finally, our study of arithmetic will take us through the mysterious worlds of decimals and percentages. Neither of those topics need be so mysterious if you realize that they are just different ways of writing fractions.

Mathematics is very different from most other branches of human studies. It is, to quote Mr. Spock, "logical." Indeed, it is very logical. If anything is sound mathematically, then it must work. More than

5. Lleve a la prueba chicle o caramelos duros. Aunque resulte difícil de creer, de acuerdo con varios sicólogos destacados el hecho de masticar un chicle o chupar caramelos duros tiende a aliviar los nervios. No se permite fumar en el aula donde se toma la prueba.

6. Recuerde entregar todos sus papeles y asegúrese de que todos incluyan su nombre y/o su número de identificación, así como el resto de la información requerida. Sus respuestas no se pueden calificar a menos que entregue al supervisor, al final de la prueba, la hoja de respuestas correctamente identificada.

7. Preste atención. No olvide llenar los espacios en blanco exactamente como corresponda. Por ejemplo, ¿ha respondido la pregunta 5 marcando la casilla de la pregunta 6? ¿Eligió una respuesta correcta cuando se preguntaba cuál era incorrecta? ¿Respondió todas las preguntas?

¿CON QUÉ PUNTAJE SE APRUEBA?

Los puntajes del GED se califican con puntajes estándar que varían de 20 a 80 para cada prueba. El puntaje directo (el número de preguntas respondidas correctamente) se convierte a puntaje estándar para que todas las pruebas y variaciones de la serie de exámenes del GED se puedan evaluar de manera similar.

En la mayoría de los estados, para tener éxito y aprobar el GED, un candidato debe sumar un puntaje total estándar de por lo menos 225 en las cinco pruebas. La calificación no puede ser menor de 35 puntos en ninguna de las pruebas individuales. En general, esto significa que el candidato que responde correctamente poco más de la mitad de las preguntas de cada prueba alcanza el puntaje de aprobación.

Para estar seguros de obtener un certificado o diploma del GED, los candidatos deben tratar de lograr un puntaje sustancialmente superior al mínimo en tantas pruebas como sea posible. No obstante, quienes no alcancen a aprobar una o más pruebas individuales, pueden volver a rendir sólo aquellas secciones en las que no alcanzaron el puntaje de aprobación mínimo. La información acerca de cómo volver a rendir una serie de exámenes del GED puede solicitarse al Departamento de Educación de cada estado.

ACERCA DE ESTE LIBRO

Este libro tiene dos propósitos: primero, permitir la preparación para el examen de matemática del GED (iniciales en inglés de "Desarrollo Educativo General"); segundo, ser una ayuda para aprender matemática. A fin de lograr estos objetivos, se divide en tres secciones generales: aritmética, álgebra y geometría. La aritmética es una herramienta que permite resolver numerosos problemas matemáticos. El hecho de saber aritmética no significa saber matemática, pero sin aritmética no es posible resolver casi ningún problema matemático. Quizás por eso la mayor parte del examen de matemática del GED son los problemas aritméticos.

La parte del libro que se refiere a problemas aritméticos se subdivide en varias secciones. La primera trata la aritmética de los números naturales. El escritor Lewis Carroll, matemático y autor de Alicia en el País de las Maravillas, describió las cuatro ramas de la aritmética como Ambición, Distracción, Deformación e Irrisión, más conocidas como suma, resta, multiplicación y división. La segunda sección explica las fracciones —esos monstruos terribles que inducen a los niños educados a llamar mentirosas a sus madres. Nos referimos, desde luego, al caso en que una madre prepara un sándwich para su almuerzo y ofrece compartirlo con su hijo. Generosamente le dice: "Toma, te doy la mitad más grande". Caramba: cuando un niño llega a tercer grado, ya sabe que no hay tal cosa como una mitad más grande y no se avergüenza de decirlo. Por último, nuestro estudio de la aritmética nos transportará por los mundos misteriosos de los decimales y los porcentajes. Ninguno de estos temas tiene por qué ser misterioso si consideramos que sólo son diferentes maneras de escribir fracciones.

La matemática es muy diferente de las demás ramas de estudio. Es, citando las palabras del Sr. Spock, "Lógica". Ciertamente, es muy lógica. Todo lo que es matemáticamente válido, debe funcionar. Más aún, es

that, it is capable of being analyzed to find out why it works. For that reason, we suggest that you memorize nothing in this book. Rather, each time a new concept is introduced to you, study it. Analyze it. Ask yourself: "Does this make sense?" If it does, that is terrific. If it does not, mull it over. See if you can make sense out of it. If it still does not make sense, perhaps you can get help from a teacher or a friend.

Algebra is a structured means for translating word problems into mathematical shorthand, and then solving them. The rules of algebra are reasonable and can be applied to many different situations. Once you have mastered algebraic thinking, you may well wonder how you were ever able to get along without it.

Geometry, too, is a way of reasoning. It differs from algebra in that it is reasoning as applied to certain figures. The rules of geometry apply primarily to angles and line segments and to the closed figures that can be made (triangles, rectangles, and so on) by combining those shapes. Geometry is much older than algebra, having been formalized nearly 2500 years ago by a Greek named Euclid. It was his gift to the centuries that followed. Now you might well think, as the Trojans did, "Beware of Greeks bearing gifts." Still, is there not something appealing about the notion that two things equal to the same thing are equal to each other? Or what about a straight line as being the shortest distance between two points? Logical, isn't it?

Each section of the instructional portion of this book is preceded by a pretest. That is a short test to help you determine how well you know the subject matter that will be covered in that section. If you do well on the pretest, then there is no point in studying that section. Only concentrate on those areas where you need help.

The answer key that immediately follows each pretest will serve to guide your course of study. Each section is also followed by a posttest. By comparing the results on your posttest with those on the pretest, you will be able to determine how much studying the section has helped you. The posttest should help you to isolate those topics that may need some more intensive work.

Finally, at the end of the entire instruction section, you will find a set of additional practice exercises keyed to each of the topics that you have studied. You may wish to use the additional practice at a later time, just to refresh your memory and your skills. If, however, you have found it necessary to review a section following the posttest on that section, the additional practice exercises may serve as new reinforcement materials, or as a new posttest.

You will, incidentally, find that the entire instructional portion of the book is preceded by a lengthy pretest. That pretest is, in fact, a simulated half-length GED mathematics examination. It should help you to locate the areas where you need the most help. Following the instructional portion, you will find two full-length simulated GED practice examinations. They will serve to help you finely tune your skills under simulated testing conditions.

Now, as you press onward with your studies, keep in mind what was said earlier in this introduction. Mathematics is logical, and the more you work at it, the more fully you will develop your skills. We hope that you will enjoy the book and find that it helps you on your way to success.

susceptible de ser analizado para averiguar por qué funciona. Por esa razón, sugerimos que no se memorice el contenido de este libro. Por el contrario, cada vez que encuentre un nuevo concepto, usted deberá estudiarlo y analizarlo. Pregúntese: "¿Tiene sentido?" Si lo tiene, ¡magnífico! En caso contrario, reflexione. Vea si puede lograr entenderlo. Si aun así no logra comprenderlo, tal vez pueda obtener ayuda de un maestro o de un amigo.

El álgebra es un medio estructurado para traducir problemas expresados en palabras a una taquigrafía matemática que permita resolverlos. Las reglas del álgebra son racionales y se pueden aplicar a muchas situaciones diferentes. Una vez que logre dominar el razonamiento algebraico, probablemente se pregunte cómo hizo para vivir sin él.

También la geometría es una manera de razonar. Difiere del álgebra en que es un razonamiento aplicado a ciertas figuras. Las reglas de la geometría se aplican principalmente a ángulos y segmentos, así como a figuras cerradas (triángulos, rectángulos, etc.) que pueden formarse combinando esos elementos. La geometría es mucho más antigua que el álgebra. Fue formalizada hace casi 2500 años por un matemático griego llamado Euclides y fue su legado a la posteridad. Quizás usted piense como los troyanos: "Temo a los griegos aunque traigan regalos". Aun así, ¿no es apasionante pensar que dos cosas iguales a una tercera son iguales entre sí? ¿O que la línea recta es la distancia más corta entre dos puntos? Lógico, ¿no es cierto?

Cada sección de la parte instructiva de este libro está precedida por un examen preliminar. Es un breve examen que ayuda a determinar en qué medida conoce usted el tema que se tratará en esa sección. Si hace bien el examen preliminar, no necesitará estudiar esa sección. Concéntrese únicamente en aquellas áreas en las que necesite ayuda.

La clave de respuestas incluida inmediatamente a continuación de cada examen preliminar sirve como guía del curso de estudio. Cada sección tiene al final una prueba final. Comparando los resultados de esta prueba con los del examen preliminar podrá determinar su eficacia en el estudio de esa sección. Además, la prueba final le ayudará a aislar aquellos temas que pueden requerirle un poco más de dedicación.

Por último, al terminar cada sección de instrucción, encontrará una serie de Ejercicios de práctica adicional sobre cada uno de los temas estudiados. Estos ejercicios pueden resolverse más adelante a fin de refrescar la memoria y repasar los conceptos aprendidos. Sin embargo, si considera necesario repasar una sección después de hacer la respectiva prueba final, los Ejercicios de práctica adicional pueden servir como material de refuerzo suplementario o utilizarse como una nueva prueba final.

Notará asimismo que toda la parte instructiva de este libro está precedida por un largo examen preliminar. Esta prueba simula, en realidad, la mitad de un examen de matemática del GED y le ayudará a localizar las áreas en las que necesita más práctica. Luego de la parte instructiva, encontrará dos exámenes completos similares a los del GED, que podrá utilizar para practicar. Le servirán como ayuda para perfeccionar sus habilidades en condiciones de prueba simuladas.

Ahora, a medida que progrese en sus estudios, tenga en cuenta lo que dijimos anteriormente: la matemática es lógica y cuanto más se dedique a ella, tanto más completamente desarrollará sus habilidades. Esperamos que disfrute de este libro y que le resulte útil como ayuda en su camino hacia el éxito.

Pretest

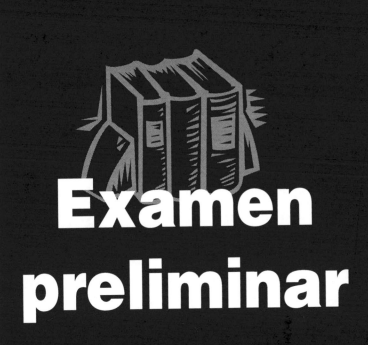

Examen preliminar

Answer Sheet

1 ① ② ③ ④ ⑤	6 ① ② ③ ④ ⑤	11 ① ② ③ ④ ⑤
2 ① ② ③ ④ ⑤	7 ① ② ③ ④ ⑤	12 ① ② ③ ④ ⑤
3 ① ② ③ ④ ⑤	8 ① ② ③ ④ ⑤	13 ① ② ③ ④ ⑤
4 ① ② ③ ④ ⑤	9 ① ② ③ ④ ⑤	14 ① ② ③ ④ ⑤
5 ① ② ③ ④ ⑤	10 ① ② ③ ④ ⑤	15 ① ② ③ ④ ⑤
16 ① ② ③ ④ ⑤	21 ① ② ③ ④ ⑤	26 ① ② ③ ④ ⑤
17 ① ② ③ ④ ⑤	22 ① ② ③ ④ ⑤	27 ① ② ③ ④ ⑤
18 ① ② ③ ④ ⑤	23 ① ② ③ ④ ⑤	28 ① ② ③ ④ ⑤
19 ① ② ③ ④ ⑤	24 ① ② ③ ④ ⑤	29 ① ② ③ ④ ⑤
20 ① ② ③ ④ ⑤	25 ① ② ③ ④ ⑤	30 ① ② ③ ④ ⑤
31 ① ② ③ ④ ⑤	36 ① ② ③ ④ ⑤	41 ① ② ③ ④ ⑤
32 ① ② ③ ④ ⑤	37 ① ② ③ ④ ⑤	42 ① ② ③ ④ ⑤
33 ① ② ③ ④ ⑤	38 ① ② ③ ④ ⑤	43 ① ② ③ ④ ⑤
34 ① ② ③ ④ ⑤	39 ① ② ③ ④ ⑤	44 ① ② ③ ④ ⑤
35 ① ② ③ ④ ⑤	40 ① ② ③ ④ ⑤	45 ① ② ③ ④ ⑤

46 ① ② ③ ④ ⑤

47 ① ② ③ ④ ⑤

48 ① ② ③ ④ ⑤

49 ① ② ③ ④ ⑤

50 ① ② ③ ④ ⑤

Hoja de respuestas

1 ① ② ③ ④ ⑤	6 ① ② ③ ④ ⑤	11 ① ② ③ ④ ⑤
2 ① ② ③ ④ ⑤	7 ① ② ③ ④ ⑤	12 ① ② ③ ④ ⑤
3 ① ② ③ ④ ⑤	8 ① ② ③ ④ ⑤	13 ① ② ③ ④ ⑤
4 ① ② ③ ④ ⑤	9 ① ② ③ ④ ⑤	14 ① ② ③ ④ ⑤
5 ① ② ③ ④ ⑤	10 ① ② ③ ④ ⑤	15 ① ② ③ ④ ⑤
16 ① ② ③ ④ ⑤	21 ① ② ③ ④ ⑤	26 ① ② ③ ④ ⑤
17 ① ② ③ ④ ⑤	22 ① ② ③ ④ ⑤	27 ① ② ③ ④ ⑤
18 ① ② ③ ④ ⑤	23 ① ② ③ ④ ⑤	28 ① ② ③ ④ ⑤
19 ① ② ③ ④ ⑤	24 ① ② ③ ④ ⑤	29 ① ② ③ ④ ⑤
20 ① ② ③ ④ ⑤	25 ① ② ③ ④ ⑤	30 ① ② ③ ④ ⑤
31 ① ② ③ ④ ⑤	36 ① ② ③ ④ ⑤	41 ① ② ③ ④ ⑤
32 ① ② ③ ④ ⑤	37 ① ② ③ ④ ⑤	42 ① ② ③ ④ ⑤
33 ① ② ③ ④ ⑤	38 ① ② ③ ④ ⑤	43 ① ② ③ ④ ⑤
34 ① ② ③ ④ ⑤	39 ① ② ③ ④ ⑤	44 ① ② ③ ④ ⑤
35 ① ② ③ ④ ⑤	40 ① ② ③ ④ ⑤	45 ① ② ③ ④ ⑤

46 ① ② ③ ④ ⑤

47 ① ② ③ ④ ⑤

48 ① ② ③ ④ ⑤

49 ① ② ③ ④ ⑤

50 ① ② ③ ④ ⑤

Pretest

Directions: Choose the <u>one best answer</u> for each item.

Items 1–3 refer to the following paragraph.

A virus is a small particle consisting of nucleic acid surrounded by a protein coat. Viruses are active only if they are in living cells because they reproduce more viruses by commandeering the host cell's machinery. If the nucleic acid is RNA, the virus is said to be a retrovirus. It is called a retrovirus because it must change its RNA to DNA before it can take over the host cell. When a retrovirus makes DNA from RNA, it uses an enzyme-reverse transcriptase. Viruses that contain DNA as their nucleic acid do not require this additional step and behave more like their hosts in that they follow the central dogma of modern biology: DNA makes RNA, which makes proteins.

1. In order for any virus to become pathogenic in a cell, it must
    (1)   be alive.
    (2)   contain RNA.
    (3)   be a retrovirus.
    (4)   have DNA.
    (5)   have a protein coat.

2. Retroviruses are viruses that contain
    (1)   only RNA and a protein coat.
    (2)   RNA, DNA, and protein.
    (3)   some of the host's machinery.
    (4)   proteins that will convert RNA to DNA.
    (5)   none of the above.

Examen preliminar

Instrucciones: Seleccione la <u>mejor respuesta</u> a cada pregunta.

Las preguntas 1 a 3 se basan en el siguiente fragmento.

Un virus es una partícula pequeña formada por ácido nucleico con un recubrimiento proteico. Los virus se activan únicamente cuando se alojan en células vivas, ya que se reproducen controlando la maquinaria de la célula huésped. Si el ácido nucleico es ARN, se dice que el virus es un retrovirus. Se lo denomina retrovirus porque necesita convertir el ARN en ADN para poder dominar la célula huésped. Para convertir el ARN en ADN, el retrovirus utiliza una enzima transcriptasa inversa. Los virus que contienen ADN como ácido nucleico no necesitan de este paso adicional y se comportan de manera similar a sus huéspedes en el sentido que cumplen con el dogma fundamental de la biología moderna: el ADN produce ARN, que genera proteínas.

1. Para que un virus se vuelva patógeno en una célula, debe

    (1)   estar vivo.

    (2)   contener ARN.

    (3)   ser un retrovirus.

    (4)   poseer ADN.

    (5)   poseer un recubrimiento proteico.

2. Los retrovirus son virus que contienen

    (1)   únicamente ARN y un recubrimiento proteico.

    (2)   ARN, ADN y proteína.

    (3)   parte de la maquinaria del huésped.

    (4)   proteínas capaces de convertir ARN en ADN.

    (5)   ninguna de las anteriores.

3. In order to harm a host, retroviruses must
   (1)   be in the host's nucleus.
   (2)   use the host's cellular machinery to make new virus particles.
   (3)   use an enzyme that will convert their RNA to DNA.
   (4)   commandeer the host's cell machinery.
   (5)   all of the above.

Items 4 and 5 refer to the following diagram.

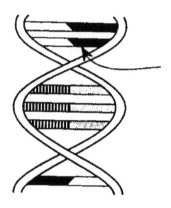

4. The diagram is an illustration of the structure of DNA, which was elucidated by
   (1)   Wallace and Darwin.
   (2)   Hershey and Chase.
   (3)   Watson and Crick.
   (4)   Venter and Collins.
   (5)   Messelson and Stahl.

5. The arrow is pointing to a dark portion that represents a molecule joined with another that is not shaded. If the dark shading represents the molecule thymine, the nonshaded portion next to it represents a molecule of
   (1)   guanine.
   (2)   adenine.
   (3)   cytosine.
   (4)   a ribose sugar.
   (5)   a pentose group.

3. Para dañar un huésped, los retrovirus deben

    (1)   alojarse en el núcleo del huésped.

    (2)   utilizar la maquinaria de la célula huesped para producir nuevas partículas virales.

    (3)   utilizar una enzima que convierta su ARN en ADN.

    (4)   controlar la maquinaria de la célula huésped.

    (5)   todas las anteriores.

Las preguntas 4 y 5 se basan en el siguiente diagrama.

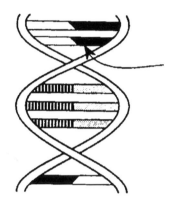

4. El diagrama ilustra la estructura del ADN, dilucidada por

    (1)   Wallace y Darwin.

    (2)   Hershey y Chase.

    (3)   Watson y Crick.

    (4)   Venter y Collins.

    (5)   Messelson y Stahl.

5. La flecha señala una porción oscura que representa una molécula unida a otra que no aparece sombreada. Si la porción oscura representa la molécula timina, la porción no sombreada es una molécula de

    (1)   guanina.

    (2)   adenina.

    (3)   citosina.

    (4)   azúcar ribosa.

    (5)   un grupo de pentosa.

Items 6–8 refer to the following table.

	Proton	**Neutron**	**Electron**
Mass	1	1	0.0005
Location	nucleus	nucleus	orbiting nucleus
Charge	+1	0	−1

6. Which particles are attracted to each other?
   - (1)   Protons and neutrons
   - (2)   Protons and electrons
   - (3)   Neutrons and electrons
   - (4)   Protons, neutrons, and electrons
   - (5)   None of the above

7. Which particles have mass?
   - (1)   Protons and neutrons only
   - (2)   Protons and electrons only
   - (3)   Neutrons and electrons only
   - (4)   Protons, neutrons, and electrons
   - (5)   Electrons only

8. Sodium has an atomic number of 11 and an atomic mass of 23. How many electrons are there in a neutral atom?
   - (1)   11
   - (2)   12
   - (3)   34
   - (4)   132
   - (5)   Not enough information is given to answer this question.

9. Carbon exists in at least two forms, carbon-12 and carbon-14. What is the difference between carbon-12 and carbon-14?
   - (1)   Carbon-12 has 12 protons and 14 neutrons.
   - (2)   Carbon-12 has 12 protons and 12 electrons, while carbon-14 has 12 protons and 14 electrons.
   - (3)   Carbon-12 has 12 protons, while carbon-14 has 14 protons.
   - (4)   Carbon-12 has 6 neutrons, while carbon-14 has 8 neutrons.
   - (5)   Carbon-12 has 6 protons, while carbon-14 has 8 protons.

Las preguntas 6 a 8 se basan en la siguiente tabla.

	Protón	**Neutrón**	**Electrón**
Masa	1	1	0.0005
Ubicación	núcleo	núcleo	alrededor del núcleo
Carga	+1	0	−1

6. ¿Qué partículas se atraen mutuamente?

    (1)   Los protones y los neutrones.

    (2)   Los protones y los electrones.

    (3)   Los neutrones y los electrones.

    (4)   Los protones, los neutrones y los electrones.

    (5)   Ninguna de las anteriores.

7. ¿Qué partículas tienen masa?

    (1)   Únicamente los protones y los neutrones.

    (2)   Únicamente los protones y los electrones.

    (3)   Únicamente los neutrones y los electrones.

    (4)   Los protones, los neutrones y los electrones.

    (5)   Únicamente los electrones.

8. El sodio tiene un número atómico de 11 y su número de masa atómica es 23. ¿Cuántos electrones hay en un átomo neutro?

    (1)   11

    (2)   12

    (3)   34

    (4)   132

    (5)   La información proporcionada es insuficiente para responder esta pregunta.

9. El carbono existe en al menos dos formas, carbono 12 y carbono 14. ¿Cuál es la diferencia entre ambos?

    (1)   El carbono 12 tiene 12 protones y 14 neutrones.

    (2)   El carbono 12 tiene 12 protones y 12 electrones, mientras que el carbono 14 tiene 12 protones y 14 electrones.

    (3)   El carbono 12 tiene 12 protones, mientras que el carbono 14 tiene 14 protones.

    (4)   El carbono 12 tiene 6 neutrones, mientras que el carbono 14 tiene 8 neutrones.

    (5)   El carbono 12 tiene 6 protones, mientras que el carbono 14 tiene 8 protones.

Items 10–12 refer to the following information.

Many cities in the northeastern United States are faced with the yearly task of filling potholes after the snow melts each spring. Potholes are the direct result of ice wedging, a form of physical weathering. In the autumn, rainwater seeps into cracks in the pavement. During the winter, the water freezes and expands, causing the cracks to widen. Repeated freezing and thawing over the course of the winter expands the cracks in the pavement. By springtime, networks of cracks have formed and chunks of pavement may be dislodged. Continued driving on these roads over the winter only accelerates the process. Improved pavement materials with better expansion/contraction properties would decrease the number of potholes, but potholes, like flowers, are a mark of spring.

10. According to the passage, what process is responsible for the formation of potholes?
    (1)   Biological weathering
    (2)   Ice wedging
    (3)   Heat expansion
    (4)   Chemical weathering
    (5)   Water erosion

11. Which of the following cities is least likely to experience the type of weathering discussed in the passage?
    (1)   New York
    (2)   Miami
    (3)   Boston
    (4)   Minneapolis
    (5)   Seattle

12. Which of the following would be least likely to reduce the incidence of potholes on roads?
    (1)   More elastic road surfaces
    (2)   Application of road salts to prevent icing
    (3)   Prompt repairs of cracked roadways
    (4)   Sanding roads after a snow storm
    (5)   Periodic repaving of busy roadways

Las preguntas 10 a 12 se basan en la siguiente información.

Muchas ciudades del noreste de los Estados Unidos se enfrentan cada primavera con la tarea de rellenar baches una vez que se derritió la nieve. Los baches son la consecuencia directa de la gelifracción, una forma de meteorización física. En el otoño, el agua de lluvia se filtra por las grietas en el pavimento. Al llegar el invierno, el agua se transforma en hielo y en consecuencia, se expande; el líquido se congela y derrite varias veces, lo que ensancha aún más las grietas. En la primavera se habrán formado redes de grietas y es posible que se suelten trozos enteros de pavimento. El tránsito constante por estas calles a lo largo del invierno no hace más que acelerar el proceso. El uso de materiales mejorados para la pavimentación con mayores propiedades de expansión/contracción reduciría el número de baches, pero estos, al igual que las flores, son una característica primaveral.

10. Según el fragmento, ¿cuál es el proceso que provoca la formación de baches?
    - (1) La erosión biológica.
    - (2) La gelifracción.
    - (3) La expansión por calor.
    - (4) La erosión química.
    - (5) El desgaste por agua.

11. ¿Cuál de las siguientes ciudades tiene menos probabilidades de experimentar el tipo de erosión mencionada en el fragmento?
    - (1) Nueva York.
    - (2) Miami.
    - (3) Boston.
    - (4) Minneapolis.
    - (5) Seattle.

12. ¿Cuál de las siguientes opciones tendría menos probabilidades de reducir la incidencia de baches en las calles?
    - (1) Calles con superficies más elásticas.
    - (2) Colocar sal en las calles para evitar la formación de hielo.
    - (3) Reparar rápidamente las carreteras agrietadas.
    - (4) Colocar arena en los caminos después de las tormentas de nieve.
    - (5) Repavimentar periódicamente los caminos más transitados.

13. Phase transitions, such as melting and boiling, occur at particular temperatures. What happens when ice melts in equilibrium with its surroundings?

   (1)   The temperature of the ice rises gradually as heat is added from the surroundings.

   (2)   The temperature of the ice remains constant as heat is added from the surroundings.

   (3)   The temperature of the ice falls as heat is given up to the surroundings.

   (4)   The temperature of the ice remains constant as heat is given up to the surroundings.

   (5)   No added heat is required from the surroundings.

Items 14–16 refer to the following information.

When atomic nuclei undergo radioactive decay, some of the nuclei are transformed into a different kind of nucleus, called the daughter nucleus in the decay chain. The same fraction of the remaining nuclei decay in each equal time interval. The figure below shows the fraction of nuclei left as a function of time.

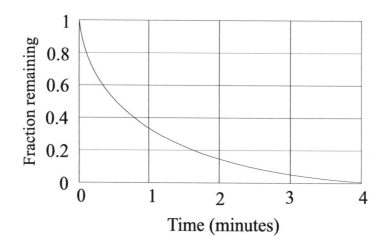

14. Radioactive decay involves changing

   (1)   one kind of atom into another.

   (2)   one kind of molecule into another.

   (3)   one kind of nucleus into another.

   (4)   the atomic number of a nucleus.

   (5)   the mass number of a nucleus.

13. Las transiciones de fase, como la fusión y la ebullición, ocurren a temperaturas determinadas. ¿Qué sucede cuando el hielo se funde en equilibrio con su entorno?

(1)   La temperatura del hielo asciende gradualmente a medida que absorbe calor de su entorno.

(2)   La temperatura del hielo se mantiene constante a medida que se agrega calor desde el entorno.

(3)   La temperatura del hielo desciende a medida que se descarga calor al entorno.

(4)   La temperatura del hielo se mantiene constante a medida que descarga calor al entorno.

(5)   No se requiere calor adicional del entorno.

Las preguntas 14 a 16 se basan en la siguiente información.

Cuando los núcleos atómicos sufren desintegración radioactiva, algunos se tranforman en un tipo diferente de núcleo, denominado núcleo hijo en la cadena de desintegración. A unidades de tiempo iguales, la fracción de núcleos restantes que se van desintegrando es constante. La figura que aparece a continuación muestra la fracción de núcleos que permanece sin desintegrar en función del tiempo.

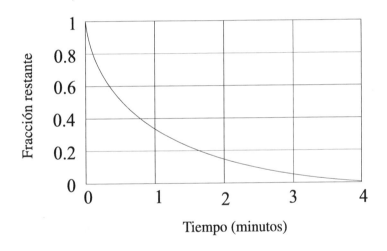

14. La desintegración radioactiva implica cambiar

(1)   de un tipo de átomo a otro.

(2)   de un tipo de molécula a otra.

(3)   de un tipo de núcleo a otro.

(4)   el número atómico del núcleo.

(5)   el número de masa del núcleo.

15. According to the graph, what will happen after 3 minutes have elapsed?
    (1) About one third of the initial sample will have decayed.
    (2) About one half of the initial sample will have decayed.
    (3) More than 90% of the initial sample will have decayed.
    (4) All of the initial sample will have decayed.
    (5) None of the initial sample will have decayed.

16. Which of the following statements is supported by the information given?
    (1) The number of nuclei decaying each minute is the same.
    (2) Fewer than half the nuclei decay in the first minute.
    (3) More nuclei decay in the second minute than in the first.
    (4) The daughter nuclei are also radioactive.
    (5) The number of nuclei decaying per minute tends to zero after a long time.

17. Light and sound are both wave phenomena, but they are different in some ways. For example, light can travel in a vacuum, but sound cannot. Which of the following statements is a consequence of this fact?
    (1) When lightning strikes, you see the flash of light before you hear the rumble of thunder.
    (2) If a satellite in Earth's orbit exploded, you would see a flash but never hear the explosion.
    (3) Sound passes through walls but light does not.
    (4) Light reflects from surfaces but sound does not.
    (5) Sound and light both travel in straight lines.

Item 18 refers to the following diagram.

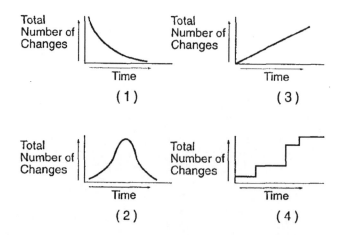

15. Según la gráfica, ¿qué sucederá después de transcurridos 3 minutos?

    (1)   Se habrá desintegrado aproximadamente un tercio de la muestra inicial.

    (2)   Se habrá desintegrado aproximadamente la mitad de la muestra inicial.

    (3)   Se habrá desintegrado más del 90% de la muestra inicial.

    (4)   Se habrá desintegrado la totalidad de la muestra inicial.

    (5)   No se habrá desintegrado ninguna parte de la muestra inicial.

16. ¿Cuál de los siguientes enunciados se basa en la información provista?

    (1)   El número de núcleos que se desintegra por minuto es el mismo.

    (2)   Menos de la mitad de los núcleos se desintegra durante el primer minuto.

    (3)   Durante el segundo minuto se desintegran más núcleos que durante el primero.

    (4)   Los núcleos hijos también son radioactivos.

    (5)   El número de núcleos que se desintegra por minuto tiende a cero después de un tiempo prolongado.

17. Tanto la luz como el sonido son fenómenos ondulatorios, pero difieren en ciertos sentidos. Por ejemplo, la luz se puede propagar en el vacío, pero el sonido no. ¿Cuál de los siguientes enunciados es una consecuencia de este hecho?

    (1)   Cuando cae un relámpago, se ve el destello de luz antes de oir el trueno.

    (2)   Si explotara un satélite en la órbita de la Tierra, se vería el destello pero jamás se oiría la explosión.

    (3)   El sonido atraviesa las paredes, pero la luz no.

    (4)   La luz se refleja en las superficies, pero el sonido no.

    (5)   Tanto la luz como el sonido se propagan en línea recta.

La pregunta 18 se basa en el siguiente diagrama.

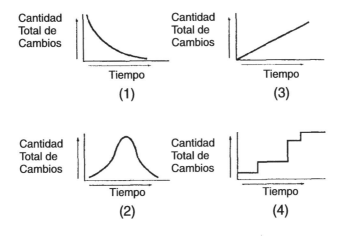

18. Niles Eldridge and Stephen Jay Gould are neo-Darwinists. While they believe that Darwin was essentially correct in his theory of natural selection and evolution, they feel there are points that should be refined as scientists learn more. Specifically, they feel that large and sudden changes in the environment will cause changes in the rate of speciation. Which of the following graphs best illustrates their position?

    (1)   1

    (2)   2

    (3)   3

    (4)   4

    (5)   1 and 3

Items 19 and 20 refer to the following diagram.

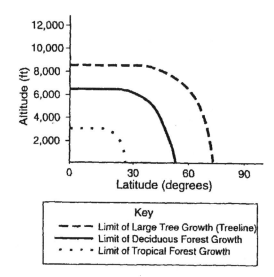

19. The diagram shows that most trees cannot live above

    (1)   3,000 feet.

    (2)   6,200 feet.

    (3)   8,200 feet.

    (4)   28 degrees latitude.

    (5)   52 degrees latitude.

20. One can surmise from the graph that

    (1)   going up 1,000 feet is like going north 1 degree.

    (2)   going up 1,000 feet is like going north 2 degrees.

    (3)   going up 1,000 feet is like going north 10 degrees.

    (4)   going up 1,000 feet is like going north 10 degrees.

    (5)   deciduous trees can exist in cold climates.

18. Niles Eldridge y Stephen Jay Gould son neo-darwinistas. Aunque creen que Darwin estaba esencialmente en lo cierto en cuanto a su teoría de la evolución por selección natural, consideran que se deben refinar algunos puntos a medida que los científicos adquieren mayor conocimiento. Específicamente, opinan que los cambios sustanciales y repentinos en el medio ambiente afectarán el índice de especiación. ¿Cuál de las siguientes gráficas ilustra mejor su postura?

    (1)   1
    (2)   2
    (3)   3
    (4)   4
    (5)   1 y 3

Las preguntas 19 y 20 se basan en el siguiente diagrama.

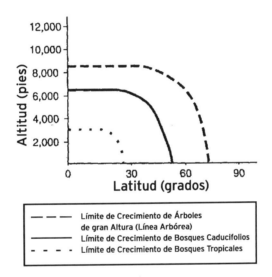

19. El diagrama muestra que la mayoría de los árboles no puede vivir al superar

    (1)   los 3,000 pies.
    (2)   los 6,200 pies.
    (3)   los 8,200 pies.
    (4)   una latitud de 28 grados.
    (5)   una latitud de 52 grados.

20. De la gráfica se puede deducir que

    (1)   ascender 1,000 pies es igual a desviarse 1 grado hacia el norte.
    (2)   ascender 1,000 pies es igual a desviarse 2 grados hacia el norte.
    (3)   ascender 1,000 pies es igual a desviarse 10 grados hacia el norte.
    (4)   ascender 1,000 pies es igual a desviarse 10 grados hacia el norte.
    (5)   los árboles caducifolios pueden sobrevivir en climas fríos.

Items 21–23 refer to the following information.

Ecosystems are composed of communities of organisms in their habitats. An example would be a stream containing plants, insects, fish, and some birds. The ecosystem depends on continuous energy input, although materials can be recycled or new materials can be brought in.

21. The energy that is inputted in this ecosystem is
    (1) the heat energy of the stream.
    (2) solar energy.
    (3) kinetic energy.
    (4) chemical energy.
    (5) built up downstream in a lake.

22. Assume that the insects are herbivorous and the fish eat the insects. Which statement is then correct?
    (1) The insects are producers and the fish primary consumers.
    (2) The insects are producers and the fish secondary consumers.
    (3) The insects are primary consumers and the fish secondary consumers.
    (4) The insects are secondary consumers and the fish tertiary consumers.
    (5) The plants are primary consumers and the insects secondary consumers.

23. If there were a spill of DDT into the stream, the most DDT per kilogram would be found in
    (1) plants.
    (2) insects.
    (3) fish.
    (4) birds.
    (5) insects and fish.

24. Nerves can be classified as sensory, motor, or interneurons. Suppose that a person has his hand on a hot plate. He can feel the heat and knows that the plate is hot, but he cannot move his hand. This is indication of
    (1) sensory neuron damage.
    (2) motor neuron damage.
    (3) interneuron damage.
    (4) brain damage.
    (5) reflex reaction.

Las preguntas 21 a 23 se basan en la siguiente información.

Los ecosistemas se componen de comunidades de organismos dentro de sus hábitats. En ejemplo sería un arroyo con plantas, insectos, peces y algunas aves. El ecosistema requiere un constante ingreso de energía, aunque es posible que se reclicen algunos elementos o se incorporen otros nuevos.

21. La energía que ingresa en este ecosistema es

    (1)   la energía de calor que proviene del arroyo.

    (2)   energía solar.

    (3)   energía cinética.

    (4)   energía química.

    (5)   la que se genera aguas abajo en un lago.

22. Suponga que los insectos son herbívoros y los peces se alimentan de ellos. ¿Cuál de estos enunciados es correcto?

    (1)   Los insectos son los productores y los peces los consumidores primarios.

    (2)   Los insectos son los productores y los peces los consumidores secundarios.

    (3)   Los insectos son los consumidores primarios y los peces los consumidores secundarios.

    (4)   Los insectos son los consumidores secundarios y los peces los consumidores terciarios.

    (5)   Las plantas son los consumidores primarios y los insectos los consumidores secundarios.

23. Si ocurriera un derrame de DDT en el arroyo, la mayor cantidad de esta sustancia por kilogramo se hallaría en

    (1)   las plantas.

    (2)   los insectos.

    (3)   los peces.

    (4)   las aves.

    (5)   los insectos y los peces.

24. Los nervios se clasifican en sensoriales, motores e interneuronas. Suponga que una persona coloque su mano sobre un plato caliente. Puede sentir el calor y sabe que el plato está caliente, pero no puede mover la mano. Esto es una indicación de

    (1)   una lesión de las neuronas sensoriales.

    (2)   una lesión de las neuronas motoras.

    (3)   una lesión interneuronas.

    (4)   una lesión cerebral.

    (5)   una reacción refleja.

Item 25 refers to the following illustration.

The figure shows sunrise times for Fargo, North Dakota, plotted as a function of the number of days after December 1, 2000.

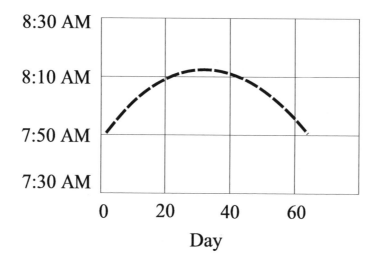

25. For approximately how many days does the sun rise after 8 a.m.?
    (1) 10
    (2) 20
    (3) 30
    (4) 40
    (5) 50

26. Galileo showed that the acceleration of falling objects does not depend on their mass. Yet light objects, such as feathers, fall much more slowly than heavy objects, such as bricks. What is the best explanation?
    (1) Light objects experience a smaller gravitational force than heavy objects.
    (2) Their accelerations are the same, but the speeds are different.
    (3) Galileo's law does not apply to organic materials like feathers.
    (4) Galileo's law assumes that air resistance can be neglected.
    (5) Galileo was wrong.

La pregunta 25 se basa en la siguiente ilustración.

La figura muestra las horas de salida del sol en Fargo, Dakota del Norte, graficadas en función del número de días después de diciembre 1 de 2000.

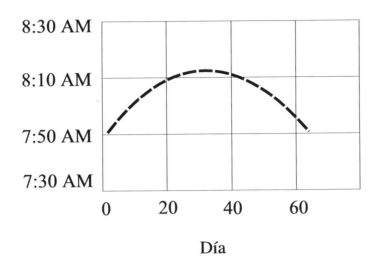

Día

25. ¿Durante aproximadamente cuántos días amanece después de las 8 a.m.?

    (1)   10

    (2)   20

    (3)   30

    (4)   40

    (5)   50

26. Galileo demostró que la aceleración de los objetos en caída no depende de su masa. Sin embargo, los objetos livianos, como las plumas, caen a una velocidad mucho menor que los objetos pesados, como los ladrillos. ¿Cuál es la mejor explicación?

    (1)   Los objetos livianos experimentan menos fuerza gravitacional que los objetos pesados.

    (2)   Sus aceleraciones son iguales, pero difiere la rapidez.

    (3)   Las leyes de Galileo no son aplicables a las sustancias orgánicas, como las plumas.

    (4)   La ley de Galileo supone que se puede ignorar la resistencia del aire.

    (5)   Galileo estaba equivocado.

27. Electric current in metals is carried by free electrons, while the positively charged nuclei remain at rest. In aqueous solutions, positive and negative ions moving in opposite directions carry current. Opposite charges moving in the same direction result in no current. Which of the following best describes all the features of electric current?

    (1) Electric charges are in motion.

    (2) There is a net flow of electric charge.

    (3) Negative electric charges are in motion.

    (4) Both positive and negative electric charges are in motion.

    (5) There are free electric charges present in the material.

28. In 1998, the FDC ruled that the vitamin folic acid had to be added to flour. The purpose of this action was to reduce the number of neural tube birth defects (such as spina bifida). Before the policy was put into effect, the number of neural tube defects per 100,000 births was 37.8. In 2000, the number per 100,000 births was 30.5. In the same year, a study showed that women age 15–44 averaged more than double the amount of folic acid in their blood than did women studied before the mandatory fortification. Which of the following statements is correct?

    (1) There was a 19% decrease in the number of neural tube defects between 1998 and 2000.

    (2) There was a 7.3% decrease in the number of neural defects between 1998 and 2000.

    (3) If women would double their intake of folic acid, they could reduce the number of birth defects by half.

    (4) This study was faulty, because some women take vitamin supplements.

    (5) The number of neural tube birth defects per million women in 2000 was 378.

29. Rust is the common name for iron oxide. A student wanted to prove that things in space wouldn't rust, so he got NASA to send a piece of iron on a space shuttle flight and have the astronauts place the iron outside the space station. A year later the iron was examined and was found to be without any rust. What is the best conclusion?

    (1) The laws of nature do not apply to outer space.

    (2) The space station was traveling too fast for any chemical reactions to occur.

    (3) The temperature in outer space is too cold for rusting to occur.

    (4) Rust cannot form in one year.

    (5) There is insufficient oxygen in outer space for rusting to occur.

27. En los metales, la corriente eléctrica fluye a través de los electrones libres, en tanto que los núcleos de carga positiva permanecen en reposo. En soluciones acuosas, los iones negativos y positivos que se desplazan en direcciones opuestas transportan corriente. Las cargas opuestas que se desplazan en la misma dirección no generan corriente. ¿Cuál de los siguientes enunciados describe mejor todas las características de la corriente eléctrica?

    (1)   Las cargas eléctricas están en movimiento.

    (2)   Hay un flujo neto de carga eléctrica.

    (3)   Las cargas eléctricas negativas están en movimiento.

    (4)   Tanto la carga eléctrica positiva como la negativa están en movimiento.

    (5)   Hay presencia de carga eléctrica libre en los materiales.

28. En 1998, la FDC (Alimentos, Drogas y Cosméticos) decidió agregar vitamina ácido fólico a la harina. El propósito de esta determinación fue reducir el número de defectos de nacimiento del tubo neural (como la espina bífida). Antes de que la política entrara en vigencia, el número de defectos del tubo neural por cada 100,000 nacimientos era de 37.8. En el año 2000, el número por cada 100,000 nacimientos fue de 30.5. Ese mismo año, un estudio reveló que las mujeres de entre 15 y 44 años de edad presentaban una cantidad promedio de más del doble de ácido fólico en sangre que las mujeres evaluadas antes de la fortificación obligatoria. ¿Cuál de los siguientes enunciados es correcto?

    (1)   Hubo una disminución del 19% en el número de defectos del tubo neural entre 1998 y 2000.

    (2)   Hubo una disminución del 7.3% en el número de defectos del tubo neural entre 1998 y 2000.

    (3)   Si las mujeres duplicaran su ingesta de ácido fólico, reducirían el número de defectos de nacimiento a la mitad.

    (4)   Este estudio no fue preciso, ya que algunas mujeres toman suplementos vitamínicos.

    (5)   El número de defectos de nacimiento del tubo neural por cada millón de mujeres en 2000 fue de 378.

29. Al óxido de hierro se lo llama comúnmente herrumbre. Un estudiante quiso demostrar que en el espacio los objetos no se oxidarían, y logró que la NASA cargara un trozo de hierro en un vuelo de transbordador y que los astronautas lo colocaran fuera de la estación espacial. Al examinar el trozo de hierro un año después, no se encontraron rastros de herrumbre. ¿Cuál es la mejor conclusión?

    (1)   Las leyes de la naturaleza no son aplicables al espacio exterior.

    (2)   La estación espacial se desplazaba demasiado rápido como para permitir reacciones químicas.

    (3)   La temperatura en el espacio exterior es demasiado baja como para que ocurra la oxidación.

    (4)   La herrumbre no se forma en un año.

    (5)   El oxígeno en el espacio es insuficiente como para permitir la oxidación.

Items 30–32 refer to the following illustration.

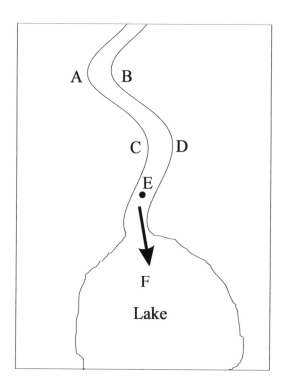

30. At which of the marked locations on the adjacent diagram would net erosion be greater than deposition?
    (1)   C and D only
    (2)   B and C only
    (3)   A and D only
    (4)   F and E only
    (5)   All locations would erode equally.

31. At point F in the diagram, the river has the lowest velocity. This is because
    (1)   the flow of the water, previously restricted by the riverbanks, can now spread.
    (2)   natural currents in the lake are slower than river currents.
    (3)   the sediment load of the water leaving the river slows the velocity.
    (4)   natural formations on the lake bottom slow river velocity.
    (5)   the lake at point F is much deeper than the river.

Las preguntas 30 a 32 se basan en la siguiente ilustración.

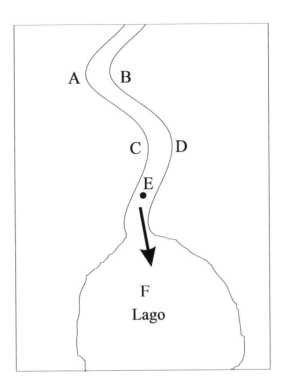

30. ¿En cuáles de las ubicaciones señaladas en el diagrama adjunto la erosión neta superaría la deposición?

    (1)   Únicamente C y D.

    (2)   Únicamente B y C.

    (3)   Únicamente A y D.

    (4)   Únicamente F y E.

    (5)   Todas las ubicaciones se erosionarían en igual medida.

31. El punto F del diagrama marca el punto de menor velocidad del río. Esto es así porque

    (1)   el flujo del agua, contenido hasta entonces por las márgenes del río, ahora puede expandirse.

    (2)   las corrientes naturales en el lago son más lentas que las corrientes fluviales.

    (3)   la carga sedimentaria transportada por el río disminuye la velocidad.

    (4)   las formaciones naturales en el lecho del lago reducen la velocidad del río.

    (5)   el lago, en el punto F, es mucho más profundo que el río.

32. If the elevation is constant, at which point in the diagram would the river water be moving the fastest?
    (1)   A
    (2)   B
    (3)   C
    (4)   D
    (5)   E

Items 33 and 34 refer to the following information.

A student wanted to do an experiment to find the best conditions for growing brine shrimp. She set up 6 beakers with the following conditions and placed a half-teaspoon of eggs in each one:

Beaker Number	Salt Content	Temperature
1	0%	10° C
2	3%	10° C
3	5%	10° C
4	0%	20° C
5	3%	20° C
6	5%	20° C

She sampled them each day for five days, and she found that the greatest number of shrimp grew at 3% salt at either temperature.

33. In this experiment the dependent variable(s) is (are)
    (1)   percentage of salt.
    (2)   temperature.
    (3)   number of shrimp.
    (4)   number of days.
    (5)   percentage of salt and temperature.

34. The student was not satisfied with her results. She wanted results that could help her better distinguish the preferred growth conditions. To improve her experiment, she should
    (1)   use finer divisions for the percentage of salt.
    (2)   use finer divisions for the temperature.
    (3)   let the experiment run longer.
    (4)   be more careful about the volume of water the eggs were growing in.
    (5)   be more careful about adding a specific number of shrimp eggs.

32. Si la elevación es constante, ¿cuál será, en el diagrama, el punto de mayor velocidad del cauce del río?

    (1) A
    (2) B
    (3) C
    (4) D
    (5) E

Las preguntas 33 y 34 se basan en la siguiente información.

Una estudiante quiso realizar un experimento para determinar las mejores condiciones para el cultivo del camarón de salmuera. Dispuso 6 vasos de precipitados con las siguientes condiciones y colocó media cucharadita de huevos en cada una:

Número de Vaso	Salmuera	Temperatura
1	0%	10° C
2	3%	10° C
3	5%	10° C
4	0%	20° C
5	3%	20° C
6	5%	20° C

Tomó muestras de cada uno durante cinco días, y observó que la mayor cantidad de camarones se desarrolló con 3% de sal a ambas temperaturas.

33. En este experimento la(s) variable(s) dependiente(s) es (son)

    (1) el porcentaje de sal.
    (2) la temperatura.
    (3) la cantidad de camarones.
    (4) la cantidad de días.
    (5) el porcentaje de sal y la temperatura.

34. La estudiante no estaba satisfecha con los resultados. Buscaba resultados que pudieran ayudarla a distinguir cuáles eran las mejores condiciones de cultivo. Para mejorar su experimento debería

    (1) usar graduaciones menores de porcentaje de sal.
    (2) usar graduaciones menores de temperatura.
    (3) prolongar la duración del experimento.
    (4) poner más atención en el volumen de agua en el que cultiva los huevos.
    (5) poner más atención en colocar un número específico de huevos de camarón.

Items 35 and 36 refer to the following information.

The four major blood groups in humans are A, B, AB, and O. People who are Type A have a certain protein on their red blood cells (RBCs) that is referred to as "A." People with Type B blood lack the "A" protein and have "B" instead. People with Type AB have both proteins, while those with Type O have neither protein on their RBCs.

People with type O blood are called universal donors because they can give blood to individuals of any other blood group, since the recipients will not form antibodies to the O blood, which carries neither protein. Every person receives half of his or her blood group type from the mother and half from the father, so that everyone has two alleles, or gene types, for the ABO blood groups.

35. Which of the following statements is incorrect, according to the information above and your knowledge of biology?
    (1)   People with blood Type AB cannot receive blood from a Type B donor.
    (2)   People with blood Type O cannot receive blood from a person with Type AB.
    (3)   People with blood Type A, whose mother is Type B, can donate blood to Type A individuals.
    (4)   Some people with blood Type AB had a parent whose Type was A.
    (5)   Antibodies are proteins formed by the recipient that attack the proteins on the donor's RBCs.

36. A man with Type B blood married a woman with Type O blood. Which of the following blood groups could their children inherit?
    (1)   Type AB
    (2)   Type B
    (3)   Type O
    (4)   Types AB and O
    (5)   Types B and O

37. Of the following technological advancements, the most recent was the
    (1)   sequencing of an archaebacterial genome.
    (2)   sequencing of the human genome.
    (3)   identification of the structure of the prb protein.
    (4)   invention of the scanning tunneling electron microscope.
    (5)   discovery of the deep sea vents by the submersible *Alvin*.

Las preguntas 35 y 36 se basan en la siguiente información.

Los cuatro principales grupos sanguíneos en humanos son A, B, AB y O. Los glóbulos rojos de las personas con sangre del Grupo A contienen una proteína conocida como "A". Los glóbulos rojos de las personas con sangre del Grupo B no contienen proteína "A", sino "B". Los glóbulos rojos de las personas con sangre del Grupo AB contienen ambas proteínas, mientras que los glóbulos rojos de las personas con sangre del Grupo O no presentan ninguna de las dos.

A las personas con sangre del Grupo O se las conoce como dadores universales pues pueden dar sangre a personas de cualquier otro grupo sanguíneo, ya que los receptores no generarán anticuerpos frente a la sangre O pues ésta no contiene ninguna de las dos proteínas. Cada individuo recibe la mitad de su grupo sanguíneo de su madre y la otra mitad de su padre, de modo que posee dos alelos o genotipos para los grupos sanguíneos ABO.

35. ¿Cuál de los siguientes enunciados es incorrecto según la información proporcionada y su conocimiento sobre biología?

    (1)   Las personas con sangre del Grupo AB no pueden recibir sangre de un dador del Grupo B.

    (2)   Las personas con sangre del Grupo O no pueden recibir sangre de un dador del Grupo AB.

    (3)   Las personas con sangre del Grupo A, cuya madre tiene sangre del Grupo B, puede donar sangre a personas con sangre del Grupo A.

    (4)   En el caso de personas con sangre del grupo AB, alguno de los padres tenía sangre del Grupo A.

    (5)   Los anticuerpos son proteínas formadas por el receptor que atacan las proteínas contenidas en los glóbulos rojos del dador.

36. Un hombre con sangre del Grupo B se casó con una mujer con sangre del Grupo O. ¿Cuáles de los siguientes grupos sanguíneos podrían heredar sus hijos?

    (1)   Grupo AB.

    (2)   Grupo B.

    (3)   Grupo O.

    (4)   Grupos AB y O.

    (5)   Grupos B y O.

37. De los siguientes avances tecnológicos, el más reciente fue

    (1)   la secuenciación del genoma archaebacteria.

    (2)   la secuenciación del genoma humano.

    (3)   la identificación de la estructura de la proteína pRB.

    (4)   la invención del microscopio de efecto túnel.

    (5)   el descubrimiento de respiraderos en el océano por el sumergible *Alvin*.

38. The most pressing problem for humans in their environment today is
    - (1) global warming.
    - (2) pollution.
    - (3) overpopulation.
    - (4) depletion of the ozone layer.
    - (5) habitat destruction.

Items 39–41 refer to the following illustration.

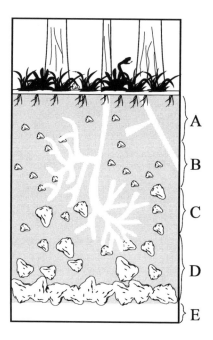

39. In which zone of the soil would you expect to find the most organic matter?
    - (1) A
    - (2) B
    - (3) C
    - (4) D
    - (5) All layers will have equal amounts of organic matter.

40. Which letter in the diagram represents bedrock?
    - (1) A
    - (2) B
    - (3) C
    - (4) D
    - (5) E

38. El problema ambiental más apremiante para los humanos en la actualidad es

    (1)   el recalentamiento global.

    (2)   la contaminación.

    (3)   la superpoblación.

    (4)   la depleción de la capa de ozono.

    (5)   la destrucción de los hábitats.

Las preguntas 39 a 41 se basan en la siguiente ilustración.

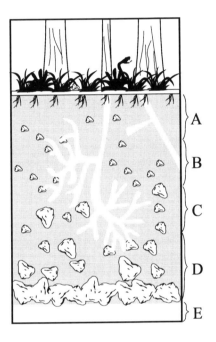

39. ¿En qué capa del suelo esperaría usted hallar la mayor cantidad de materia orgánica?

    (1)   A

    (2)   B

    (3)   C

    (4)   D

    (5)   Todas las capas tendrán la misma cantidad de materia orgánica.

40. ¿Cuál de las letras del diagrama representa el lecho de roca?

    (1)   A

    (2)   B

    (3)   C

    (4)   D

    (5)   E

41. Soil profiles vary depending on the climate. Assume that the diagram represents a tundra soil profile instead of the temperate forest represented. How would the soil profile differ?
    (1) The topsoil zone would be much thicker.
    (2) The topsoil zone would be much thinner.
    (3) The bedrock zone would be much deeper.
    (4) All of the zones would be comparable.
    (5) There would be greater variety of plants and animals.

42. The statement, "The core of the earth is metallic," is an example of a scientific
    (1) fact.
    (2) principle.
    (3) hypothesis.
    (4) observation.
    (5) law

41. El perfil del suelo varía dependiendo del clima. Suponga que el diagrama corresponde al perfil de suelo de una tundra en lugar del bosque templado que aparece representado. ¿En qué se diferenciaría el perfil del suelo?

    (1)   La capa superior sería más gruesa.

    (2)   La capa superior sería más delgada.

    (3)   El lecho de roca estaría a mayor profundidad.

    (4)   Todas las capas serían comparables.

    (5)   Habría mayor variedad de plantas y animales.

42. El enunciado, "El núcleo de la tierra es de metal" es un ejemplo de

    (1)   un hecho científico.

    (2)   un principio científico.

    (3)   una hipótesis científica.

    (4)   una observación cientifíca.

    (5)   una ley científica.

Items 43 and 44 refer to the following passage.

A student read reports of lead being removed from gasoline because it was harmful to humans. She hypothesized that it was harmful to other living things as well and developed a test for lead in water systems using small onions. She cut the end off the onions where the roots grew and placed each onion in a test tube containing lead nitrate solutions. The concentrations of lead are shown on the diagram. Here is a diagram of her experiment:

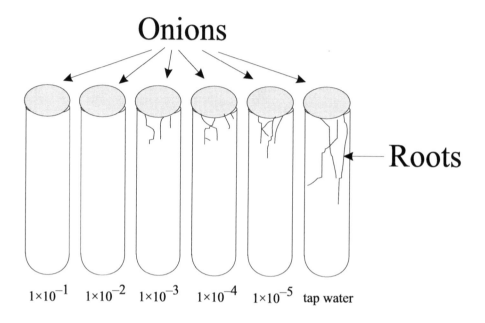

Onions

Roots

$$1\times10^{-1} \quad 1\times10^{-2} \quad 1\times10^{-3} \quad 1\times10^{-4} \quad 1\times10^{-5} \quad \text{tap water}$$

43. Which of the following statements is false?
    (1) The more lead in the solution, the less water.
    (2) Lead caused the onion roots to grow more slowly.
    (3) People should not eat onions that have been growing in lead.
    (4) From left to right, the concentration of lead increases.
    (5) Even small amounts of lead keep roots from growing.

44. Which of the following statements is true?
    (1) There is half as much lead in the first tube than the second tube (reading left to right).
    (2) The first tube has 100 times more lead than the third tube.
    (3) The amount of lead increases as you move left to right.
    (4) There is twice the amount of lead in the first tube than the second tube.
    (5) The fifth tube has five times the amount of lead as the first.

Las preguntas 43 y 44 se basan en el siguiente fragmento.

Una estudiante leyó en unos informes que se excluiría el plomo de la gasolina por ser nocivo para los seres humanos. Elaboró una hipótesis según la cual el plomo también sería nocivo para otros seres vivos, y desarrolló un examen para probar la presencia de este elemento en sistemas acuáticos utilizando pequeñas cebollas. Cortó los extremos de las cebollas donde crecían las raíces y colocó cada una en un tubo de ensayo con solución de nitrato de plomo. El diagrama muestra las concentraciones de plomo. Este es un diagrama de su experimento.

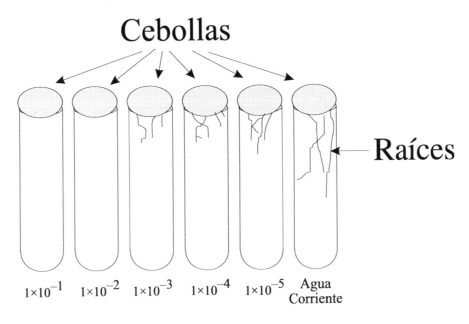

Cebollas

Raíces

$1×10^{-1}$ $1×10^{-2}$ $1×10^{-3}$ $1×10^{-4}$ $1×10^{-5}$ Agua Corriente

43. ¿Cuál de los siguientes enunciados es falso?

    (1)   A mayor cantidad de plomo en la solución, menor cantidad de agua.

    (2)   La presencia de plomo retrasó el crecimiento de las raíces.

    (3)   Las personas no deben ingerir cebollas cultivadas con plomo.

    (4)   De izquierda a derecha, aumenta la concentración de plomo.

    (5)   La presencia de plomo, aun en cantidades pequeñas, impide el crecimiento de las raíces.

44. ¿Cuál de los siguientes enunciados es verdadero?

    (1)   El primer tubo tiene la mitad de plomo que el segundo (de izquierda a derecha).

    (2)   El primer tubo tiene 100 veces más plomo que el tercer tubo.

    (3)   La cantidad de plomo aumenta de izquierda a derecha.

    (4)   El primer tubo tiene el doble de plomo que el segundo tubo.

    (5)   El quinto tubo tiene cinco veces la cantidad de plomo del primero.

45. The idea that the atom was composed mostly of space came from experiments that

   (1)   used the tunneling electron microscope.

   (2)   measured the masses of magnesium and oxygen when they combined.

   (3)   shot subatomic particles through gold foil.

   (4)   measured the rate of radioactive decay in lead.

   (5)   were done in the seventeenth century by Priestley.

Items 46–48 refer to the amino acid chart.

Messenger RNA (mRNA) Codes for Selected Amino Acids

Amino Acid	mRNA Code
Leucine	C–U–G
Arginine	C–G–A
Phenylalanine	U–U–U
Valine	G–U–U
Lysine	A–A–A

46. The mRNA sequence that would code for the polypeptide leucine-arginine-valine, or leucylargylvaline, is

   (1)   CCA CGA UUU.

   (2)   CUG CGA GUU.

   (3)   CCG CGU AAU.

   (4)   AAC AUC UGG.

   (5)   GGT GCT CAA.

47. Which of the following DNA sequences codes for the dipeptide leucylarginine?

   (1)   CCA CGA

   (2)   CCC GAA

   (3)   AAC AUC

   (4)   TTG TAG

   (5)   GAC GCT

48. Consider the following DNA sequence: AAA CAA. If C were replaced by A in DNA replication, the change would be considered a

   (1)   silent point mutation.

   (2)   missense point mutation.

   (3)   nonsense point mutation.

   (4)   chromosomal aberration.

   (5)   translation error.

45. La idea de que el átomo está compuesto básicamente de espacio se concibió a partir de experimentos que

    (1)   empleaban el microscopio de efecto túnel.

    (2)   medían las masas de magnesio y oxígeno cuando éstos se combinaban.

    (3)   disparaban partículas subatómicas mediante una lámina de oro.

    (4)   medían el índice de desintegración radioactiva del plomo.

    (5)   realizó Priestley en el siglo diecisiete.

Las preguntas 46 a 48 se basan en el cuadro de aminoácidos.

Códigos de ARN Mensajero (mARN) para Aminoácidos Seleccionados

Aminoácido	Código mARN
Leucina	C-U-G
Arginina	C-G-A
Fenilalanina	U-U-U
Valina	G-U-U
Lisina	A-A-A

46. La secuencia de mARN que codificaría el polipéptido leucina-arginina-valina, o leucilargilvalina, es

    (1)   CCA CGA UUU.

    (2)   CUG CGA GUU.

    (3)   CCG CGU AAU.

    (4)   AAC AUC UGG.

    (5)   GGT GCT CAA.

47. ¿Cuál de las siguientes secuencias de ADN codifica el dipéptido leucilarginina?

    (1)   CCA CGA.

    (2)   CCC GAA.

    (3)   AAC AUC.

    (4)   TTG TAG.

    (5)   GAC GCT.

48. Considere la siguiente secuencia de ADN: AAA CAA. Si C fuera reemplazdo por A en la replicación del ADN, el cambio sería

    (1)   una mutación puntual silenciosa.

    (2)   una mutación puntual de cambio de sentido.

    (3)   una mutación puntual sin sentido.

    (4)   una aberración cromosómica.

    (5)   un error de traducción.

Items 49 and 50 refer to the following diagram of a flower.

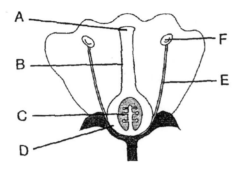

49. Pollen is produced in the structure labeled
    (1)   A.
    (2)   C.
    (3)   D.
    (4)   E.
    (5)   F.

50. The stamen is (are) part(s)
    (1)   A.
    (2)   A and B.
    (3)   F.
    (4)   E.
    (5)   F and E.

Las preguntas 49 y 50 se basan en el siguiente diagrama de una flor.

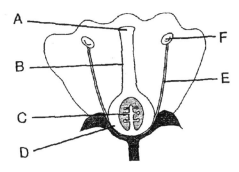

49. El polen se produce en la estructura marcada con la letra

  (1)   A
  (2)   C
  (3)   D
  (4)   E
  (5)   F

50. La(s) parte(s) que conforma(n) el estambre es(son)

  (1)   A
  (2)   A y B
  (3)   F
  (4)   E
  (5)   F y E

ANSWERS AND EXPLANATIONS

1. **The correct answer is (4). (Fundamental understandings)** A virus cannot commandeer the cell's machinery without using its own DNA.

2. **The correct answer is (4). (Fundamental understandings)** A retrovirus must contain reverse transcriptase, the enzyme (protein) that converts its RNA to DNA.

3. **The correct answer is (5). (Fundamental understandings)** DNA is found only in the nucleus. The rest of the answers are descriptive of a virus's interaction with its host.

4. **The correct answer is (3). (History and nature of science)** James Watson and Francis Crick shared the Nobel Prize in 1962 for their description of the structure of DNA.

5. **The correct answer is (2). (History and nature of science)** The helix has been described as a twisted ladder, with the sugar-phosphate backbone being the parts you would hold on to and the rungs being the nitrogen bases adenine, guanine, cytosine, and thymine. Adenine always bonds to thymine, and guanine always bonds to cytosine.

6. **The correct answer is (2). (Fundamental understandings)** The opposite charges attract one another.

7. **The correct answer is (4). (Fundamental understandings)** While the protons and the neutrons have approximately the same mass, even electrons have some mass.

8. **The correct answer is (1). (Fundamental understandings)** The number of electrons and the number of protons are always the same in an uncharged atom.

9. **The correct answer is (4). (Fundamental understandings)** Isotopes differ in the number of neutrons. Any element that has 6 protons will be a form of carbon. The atomic number is the number of protons, while the atomic mass is the number of protons and neutrons.

10. **The correct answer is (2). (Unifying concepts and processes)** The expansion of water when it freezes is responsible for the cracking caused by ice wedging. Repeated freezing and thawing causes the cracks to enlarge, and eventually portions of pavement dislodge.

11. **The correct answer is (2). (Science in personal and social perspective)** Miami has a tropical climate; therefore, the freezing temperatures needed for ice wedging are highly unlikely. All other cities listed suffer freezing temperatures regularly during winter months.

RESPUESTAS Y EXPLICACIONES

1. **La respuesta correcta es la (4). (Interpretación básica)** Un virus no puede controlar la maquinaria de una célula sin utilizar su propio ADN.

2. **La respuesta correcta es la (4). (Interpretación básica)** Los retrovirus deben contener transcriptasa inversa, la enzima (proteína) que transforma su ARN en ADN.

3. **La respuesta correcta es la (5). (Interpretación básica)** El ADN se encuentra únicamente en el núcleo. Las demás respuestas describen la interacción de un virus con su huésped.

4. **La respuesta correcta es la (3). (Historia y naturaleza de la ciencia)** James Watson y Francis Crick compartieron el Premio Nobel en 1962 por su descripción de la estructura del ADN.

5. **La respuesta correcta es la (2). (Historia y naturaleza de la ciencia)** Se ha descripto la hélice como una escalera torcida en espiral, en la que los lados de la escalera serían el esqueleto de azúcar-fosfato y los peldaños las bases de nitrógeno adenina, guanina, citosina y timina. La adenina siempre se liga a la timina, y la guanina siempre a la citosina.

6. **La respuesta correcta es la (2). (Interpretación básica)** Las cargas opuestas se atraen.

7. **La respuesta correcta es la (4). (Interpretación básica)** Mientras que los protones y los neutrones poseen aproximadamente la misma masa, aun los electrones poseen cierta masa.

8. **La respuesta correcta es la (1). (Interpretación básica)** En un átomo sin carga el número de electrones y el de protones es siempre igual.

9. **La respuesta correcta es la (4). (Interpretación básica)** Los isótopos difieren en el número de neutrones. Cualquier elemento que contenga 6 protones será alguna forma de carbono. El número atómico es el número de protones, en tanto que la masa atómica es el número de protones y neutrones.

10. **La respuesta correcta es la (2). (Conceptos y procesos unificadores)** Las grietas causadas por la gelifracción se deben a la expansión del agua al congelarse. El agua se congela y derrite varias veces, agrandando aún más las grietas y eventualmente soltando trozos del pavimento.

11. **La respuesta correcta es la (2). (Ciencia desde una perspectiva personal y social)** El clima de Miami es tropical; por lo tanto es muy poco probable que la temperatura descienda hasta el punto de congelamiento necesario para la gelifracción. Todas las ciudades listadas sufren temperaturas de congelamiento en forma regular durante los meses invernales.

12. **The correct answer is (4). (Science and technology)** Sanding the roads after a storm improves traction but does little to the snow and ice. All other choices prevent or correct cracks in the roadway.

13. **The correct answer is (2). (Fundamental understandings)** Melting occurs at a constant temperature, the melting point. Heat added during melting does not increase the temperature of the ice, so choices (1) and (3) are incorrect. Heat is required to melt ice, however, so choices (4) and (5) are wrong.

14. **The correct answer is (3). (Fundamental understandings)** According to the passage, radioactive decay involves a change in the kind of nucleus.

15. **The correct answer is (3). (Unifying concepts and processes)** According to the graph, the fraction remaining after 3 minutes is less than 0.1, which means that more than 90% of the nuclei have decayed.

16. **The correct answer is (5). (Unifying concepts and processes)** As time goes on, the number of remaining nuclei tends to zero, as does the number that decay per minute. According to the graph, more nuclei decay in the first minute (more than half) than in any subsequent minute, so choices (1), (2), and (3) are incorrect. Choice (4) may or may not be true, but it is not supported by the passage or graph.

17. **The correct answer is (2). (Unifying concepts and processes)** Since sound requires a medium to propagate, it cannot travel from a satellite in orbit, which is in a vacuum. While choices (1) and (3) are true, they do not follow the facts stated in the problem. Choices (4) and (5) are not always true.

18. **The correct answer is (4). (Unifying concepts and processes)** The horizontal line parallel to the x-axis shows no change over time. The vertical lines parallel to the y-axis connote periods of numerous changes over very short time spans.

19. **The correct answer is (3). (Fundamental understandings)** The graph shows the limits of growth. For the tree line it is about 8200 feet and 72 degrees latitude.

20. **The correct answer is (3). (Fundamental understandings)** Trees grow from 0 latitude and 0 feet to around 72 degrees and 8300 feet. By division, that's 115 feet per 1 degree latitude, which is approximately 1000 feet per 10 degrees latitude.

21. **The correct answer is (2). (Fundamental understandings)** Streams, like most other systems, depend on the sun for energy. The sun's radiant energy is transformed by producers to chemical energy that other organisms can use.

12. **La respuesta correcta es la (4). (Ciencia y tecnología)** Colocar arena en los caminos después de una tormenta mejora la tracción, pero no contribuye demasiado a resolver el problema de la nieve y el hielo. Todas las demás opciones evitan o corrigen las grietas en los caminos.

13. **La respuesta correcta es la (2). (Interpretación básica)** La fusión ocurre a una temperatura constante, el punto de fusión. El calor adicional durante la fusión no aumenta la temperatura del hielo, por lo tanto las opciones (1) y (3) son incorrectas. Sin embargo, hace falta calor para derretir el hielo, por lo tanto las opciones (4) y (5) son incorrectas.

14. **La respuesta correcta es la (3). (Interpretación básica)** Según el fragmento, la desintegración radioactiva implica un cambio en el tipo de núcleo.

15. **La respuesta correcta es la (3). (Conceptos y procesos unificadores)** Según la gráfica, la fracción restante después de 3 minutos es inferior al 0.1, lo que significa que más del 90% de los núcleos ya se ha desintegrado.

16. **La respuesta correcta es la (5). (Conceptos y procesos unificadores)** A medida que pasa el tiempo, el número de núcleos restantes tiende a cero, al igual que el número de núcleos que se desintegra por minuto. Según la gráfica, se desintegran más núcleos durante el primer minuto (más de la mitad) que posteriormente, por lo tanto las opciones (1), (2) y (3) son incorrectas. La opción (4) podría ser verdadera o no, pero no está respaldada por el fragmento ni por la gráfica.

17. **La respuesta correcta es la (2). (Conceptos y procesos unificadores)** Como el sonido requiere de un medio para propagarse, no puede viajar desde un satélite en órbita pues éste se encuentra en un vacío. Aunque las opciones (1) y (3) son verdaderas, no responden a los enunciados del problema. Las opciones (4) y (5) no siempre son verdaderas.

18. **La respuesta correcta es la (4). (Conceptos y procesos unificadores)** La línea horizontal paralela al eje x se mantiene constante en el tiempo. Las líneas verticales paralelas al eje y representan períodos de incontables cambios en lapsos de tiempo muy breves.

19. **La respuesta correcta es la (3). (Interpretación básica)** La gráfica muestra los límites de crecimiento. Para la línea que corresponde a los árboles es de 8,200 pies y 72 grados de latitud.

20. **La respuesta correcta es la (3). (Interpretación básica)** Los árboles crecen desde la latitud 0 y 0 pies hasta aproximadamente 72 grados y 8,300 pies. Haciendo la división, esto representa 115 pies por cada 1 grado de latitud, es decir, aproximadamente 1,000 pies por cada 10 grados de latitud.

21. **La respuesta correcta es la (2). (Interpretación básica)** Los arroyos, como la mayoría de los sistemas, dependen de la energía solar. Los productores transforman la radiante energía solar en energía química utilizable por los demás organismos.

22. **The correct answer is (3). (Fundamental understandings)** The food chain is plants —> insects —> fish —> birds, meaning that the insects eat the plants, the fish eat the insects, and the birds eat the fish. Plants are producers, in that they produce chemical energy from radiant energy. The organisms that eat plants are herbivores or primary consumers. The organisms that feed on primary consumers are secondary consumers.

23. **The correct answer is (4). (Fundamental understandings)** Biological magnification is the term used to describe this event. It means that nonbiodegradable substances taken in by organisms build up in the food chain. The rationale behind this is that many plants are eaten by the insect during the insect's lifetime before the insect is eaten by the fish. Of course, the fish eat many insects. Unfortunately, this is a true story, and even penguins in the South Pole region have DDT in their tissues although no spraying ever occurred there.

24. **The correct answer is (2). (Fundamental understandings)** Sensory neurons receive stimuli and pass the message to the interneurons in the central nervous system. The motor neurons take this information from the CNS to an effector: another nerve, a gland, or a muscle. In this case the information was processed as far as the CNS but somewhere in the motor neurons there was a fault.

25. **The correct answer is (4). (Science as inquiry)** The graph is above the 8 a.m. level from day 10 to day 50: about 40 days.

26. **The correct answer is (4). (Fundamental understandings)** Objects experience the same acceleration in a vacuum. While acceleration does not depend on mass, it is affected by other factors. While choice (1) is correct, it does not follow from this that the acceleration is different.

27. **The correct answer is (2). (Unifying concepts and processes)** Current requires the motion of charge, so choice (5) is incorrect. The charges can be of either sign, so choice (3) is incomplete and choice (4) is overly restrictive. Choice (1) is incorrect because there must be a net flow of charge.

28. **The correct answer is (1). (Fundamental understandings)** To figure the decrease, subtract the difference and divide by the current number: $(37.8–30.5)/37.8 = .19$ or 19%.

29. **The correct answer is (5). (Science as inquiry)** There is no available oxygen for rusting.

30. **The correct answer is (3). (Fundamental understandings)** The outer edges of a curve in a river or stream experience the greatest erosive effect, due to the angle at which the current meets the shore. All other points experience less force from the current on the shoreline.

22. **La respuesta correcta es la (3). (Interpretación básica)** La cadena alimentaria es la siguiente: plantas —> insectos —> peces —> aves, es decir, que los insectos se alimentan de las plantas, los peces se alimentan de los insectos, y las aves de los peces. Las plantas son productoras, pues producen energía química a partir de la energía radiante. Los organismos que se alimentan de las plantas se denominan herbívoros o consumidores primarios. Los organismos que se alimentan de los consumidores primarios se denominan consumidores secundarios.

23. **La respuesta correcta es la (4). (Interpretación básica)** El término que se utiliza para describir este hecho es magnificación biológica. Significa que las sustancias no biodegradables asimiladas por los organismos se acumulan en la cadena alimentaria. Esto se explica porque el insecto ingiere muchas plantas a lo largo de su vida antes de servir de alimento para un pez. Desde luego, los peces comen muchos insectos. Por desgracia esto es así, y hasta los pingüinos en la región del Polo Sur presentan DDT en sus tejidos aunque dicha zona jamás fue rociada.

24. **La respuesta correcta es la (2). (Interpretación básica)** Las neuronas sensoriales reciben estímulos y transmiten el mensaje a las interneuronas del sistema nervioso central. Las neuronas motoras trasladan esta información desde el SNC (sistema nervioso central) a un efector: otro nervio, una glándula o un músculo. En este caso la información se procesó hasta el SNC, pero en algún punto las neuronas motoras fallaron.

25. **La respuesta correcta es la (4). (Ciencia como investigación)** La gráfica supera el nivel de las 8 a.m. desde el día 10 hasta el día 50: aproximadamente 40 días.

26. **La respuesta correcta es la (4). (Interpretación básica)** Los objetos experimentan la misma aceleración en el vacío. Aunque la aceleración no depende de la masa, se ve afectada por otros factores. Aunque la opción (1) es correcta, no se deduce de ella que la aceleración sea diferente.

27. **La respuesta correcta es la (2). (Conceptos y procesos unificadores)** La corriente necesita del movimiento que genera una carga, de modo que la opción (5) es incorrecta. Las cargas pueden ser de uno u otro signo, por lo tanto la opción (3) es incompleta y la opción (4) es demasiado restrictiva. La opción (1) es incorrecta porque debe existir un flujo neto de carga.

28. **La respuesta correcta es la (1). (Interpretación básica)** Para calcular la disminución, se debe restar la diferencia y dividirla por el número actual: $(37.8-30.5)/37.8 = .19$ ó 19%.

29. **La respuesta correcta es la (5). (Ciencia como investigación)** No hay oxígeno disponible para la oxidación.

30. **La respuesta correcta es la (3). (Interpretación básica)** Los bordes externos de una curva en un río o arroyo son los más afectados por la erosión, debido al ángulo en el cual la corriente golpea contra la orilla. Todos los demás puntos experimentan una fuerza menor de la corriente sobre la costa.

31. **The correct answer is (1). (Fundamental understandings)** The banks of the river restrict the path of flow for a river. When the river empties into a lake or the ocean, the flow spreads and slows down.

32. **The correct answer is (5). (Fundamental understandings)** At point E, the river is flowing straight and the friction of the riverbank is minimized.

33. **The correct answer is (3). (Science as inquiry)** The **independent** variable is the **cause,** and the **dependent** variable is the **effect**. The independent variable is placed on the x-axis and the dependent on the y-axis when graphing results.

34. **The correct answer is (1). (Science as inquiry)** We know that temperature is not the variable to change since she tested at two different temperatures with the same result. The volume of water and the amount of eggs she put into each container are, or should be, controls. Controls are experimental conditions that should be the same so that the independent variable is the only thing that changes.

35. **The correct answer is (1). (Fundamental understandings)** Type AB is considered the universal recipient. Because people with AB have both proteins on their own RBCs, they won't produce antibodies to either A or B proteins on donated RBCs.

36. **The correct answer is (5). (Fundamental understandings)** A person with type B could have the alleles BB or BO.

37. **The correct answer is (2). (Science and technology)** The sequencing of the human genome was announced recently by both public and private groups.

38. **The correct answer is (3). (Science in personal and social perspective)** Overpopulation is causing most of the other problems.

39. **The correct answer is (1). (Fundamental understandings)** This level is closest to the surface and has plants and animals living within it. In deeper layers, there is less and less organic material.

40. **The correct answer is (5). (Fundamental understandings)** Bedrock is uneroded rock, represented in the diagram by E.

41. **The correct answer is (2). (Unifying concepts and processes)** Organic material decays slowly and less completely in colder climates. Since there would be less organic debris, the topsoil layer would tend to be thinner.

42. **The correct answer is (3). (History and nature of science)** Since it is impossible to actually see the core of the earth, the statement must be the most tentative of the listed choices (hypothesis).

31. **La respuesta correcta es la (1). (Interpretación básica)** Las márgenes del río contienen el flujo del río. Cuando un río desemboca en un lago o en el océano, el flujo se esparce y su velocidad se reduce.

32. **La respuesta correcta es la (5). (Interpretación básica)** En el punto E, el río fluye en línea recta y la fricción sobre la orilla es menor.

33. **La respuesta correcta es la (3). (Ciencia como investigación)** La variable **independiente** es la **causa,** y la variable **dependiente** es el **efecto.** Al graficar los resultados, la variable independiente se ubica sobre el eje x y la variable dependiente sobre el eje y.

34. **La respuesta correcta es la (1). (Ciencia como investigación)** Sabemos que la temperatura no es la variable a modificar, ya que al realizar la prueba a dos temperaturas diferentes se obtuvo el mismo resultado. El volumen de agua y la cantidad de huevos colocados en cada receptáculo son, o deberían ser, los controles. Los controles constituyen las condiciones experimentales a mantener constantes, de modo que la variable independiente sea la única que cambie.

35. **La respuesta correcta es la (1). (Interpretación básica)** El Grupo AB es considerado el receptor universal. Los individuos con sangre del Grupo AB poseen ambas proteínas en sus góbulos rojos, y no generarán anticuerpos frente a la proteína A ni a la B de los glóbulos rojos de la sangre donada.

36. **La respuesta correcta es la (5). (Interpretación básica)** Un individuo con sangre del tipo B podría poseer alelos BB o BO.

37. **La respuesta correcta es la (2). (Ciencia y tecnología)** Recientemente, tanto grupos privados como públicos anunciaron la secuenciación del genoma humano.

38. **La respuesta correcta es la (3). (Ciencia desde una perspectiva personal y social)** La superpoblación es la causa de la mayoría de los demás problemas.

39. **La respuesta correcta es la (1). (Interpretación básica)** Esta capa es la más próxima a la superficie y en ella viven plantas y animales. Las capas más profundas presentan cada vez menos materia orgánica.

40. **La respuesta correcta es la (5). (Interpretación básica)** El lecho de roca es roca no erosionada, representada en el diagrama con la letra E.

41. **La respuesta correcta es la (2). (Conceptos y procesos unificadores)** La degradación del material orgánico es más lenta y menos completa en climas fríos. Al ser menor la cantidad de desechos orgánicos, la capa superior del suelo tendería a ser más delgada.

42. **La respuesta correcta es la (3). (Historia y naturaleza de la ciencia)** Ya que es imposible ver el centro de la tierra, el enunciado deberá ser la más tentativa de las opciones listadas (hipótesis).

43. **The correct answer is (4). (Science as inquiry)** As one moves from left to right, the concentration of lead goes down. 1×10^{-1} is the same as 0.1 M, while 1×10^{-5} is 0.00001M solution.

44. **The correct answer is (2). (Science as inquiry)** See number 43.

45. **The correct answer is (3). (History and nature of science)** Rutherford's experiment showed that only a few alpha particles bounced back, while most went through the foil.

46. **The correct answer is (2). (Fundamental understandings)** While there are several ways to code for most amino acids, only one is given for each in the table.

47. **The correct answer is (5). (Fundamental understandings)** Remember that each nitrogen base has its own "partner" with which it bonds in DNA, A to T and G to C. The rules apply also in transcription, the making of RNA from DNA, with one exception: in RNA there is no T (thymine), and U (uracil) takes its place. So, when you're going from DNA to RNA or vice versa, just take the complement base for each. Note that choice (3) must be an RNA sequence, not DNA, because it contains a U.

48. **The correct answer is (2). (Fundamental understandings)** The original strand (AAA CAA) is transcribed to UUU GUU, which would be translated as phenylalanine-valine. But the change would result in UUU UUU, which would be two phenylalanines together. When a nitrogen base changes with no resulting change in the amino acid, the change is called silent. When the amino acid sequence changes, it is a missense mutation. And when the change results in a "stop" message, it's called a nonsense mutation.

49. **The correct answer is (5). (Fundamental understandings)** Most flowers have both male and female structures. The male structure is the stamen, which is made of the filament (E) and the anther (F). The pollen is produced in the anther while the eggs are produced in the ovary (D).

50. **The correct answer is (5). (Fundamental understandings)** See number 49.

43. **La respuesta correcta es la (4). (Ciencia como investigación)** De izquierda a derecha la concentración de plomo disminuye. 1×10^{-1} es igual a 0.1 M, en tanto que 1×10^{-5} es igual a solución 0.00001M.

44. **La respuesta correcta es la (2). (Ciencia como investigación)** Ver la pregunta 43.

45. **La respuesta correcta es la (3). (Historia y naturaleza de la ciencia)** El experimento de Rutherford demostró que sólo unas pocas partículas alfa rebotaban, mientras que la mayoría penetraba la lámina.

46. **La respuesta correcta es la (2). (Interpretación básica)** Aunque la mayor parte de los aminoácidos tiene varias formas de codificación, la tabla sólo brinda una por cada uno.

47. **La respuesta correcta es la (5). (Interpretación básica)** Recuerde que cada base de nitrógeno posee su propio "compañero" al que se une en el ADN, A con T y G con C. Esta regla también se aplica a la transcripción, la síntesis de ARN a partir de ADN, con una única excepción: el ARN no posee T (timina), y ésta es reemplazada por U (uracilo). Por lo tanto, para pasar de ADN a ARN o vice versa, simplemente tome la base complementaria de cada uno. Observe que la opción (3) debe ser una secuencia de ARN, y no de ADN, ya que contiene una U.

48. **La respuesta correcta es la (2). (Interpretación básica)** La cadena original (AAA CAA) se transcribe en UUU GUU, que se traduciría como fenilalanina-valina. Pero la alteración daría como resultado UUU UUU, es decir dos fenilalaninas juntas. Cuando una base de nitrógeno cambia sin alterar el aminoácido, este cambio se denomina mutación silenciosa. Cuando se altera la secuencia de aminoácidos, el cambio se denomina mutación de cambio de sentido. Y cuando la alteración produce una "interrupción", el cambio se denomina mutación sin sentido.

49. **La respuesta correcta es la (5). (Interpretación básica)** La mayoría de las flores tienen estructuras masculinas y femeninas. La estructura masculina es el estambre, formado por el filamento (E) y la antera (F). El polen se produce dentro de la antera, en tanto que los óvulos se desarrollan en el ovario (D).

50. **La respuesta correcta es la (5). (Interpretación básica)** Ver la pregunta 49.

Practice Tests

Exámenes
de práctica

PRACTICE TEST 1

Answer Sheet

1 ① ② ③ ④ ⑤　　6 ① ② ③ ④ ⑤　　11 ① ② ③ ④ ⑤

2 ① ② ③ ④ ⑤　　7 ① ② ③ ④ ⑤　　12 ① ② ③ ④ ⑤

3 ① ② ③ ④ ⑤　　8 ① ② ③ ④ ⑤　　13 ① ② ③ ④ ⑤

4 ① ② ③ ④ ⑤　　9 ① ② ③ ④ ⑤　　14 ① ② ③ ④ ⑤

5 ① ② ③ ④ ⑤　　10 ① ② ③ ④ ⑤　　15 ① ② ③ ④ ⑤

16 ① ② ③ ④ ⑤　　21 ① ② ③ ④ ⑤　　26 ① ② ③ ④ ⑤

17 ① ② ③ ④ ⑤　　22 ① ② ③ ④ ⑤　　27 ① ② ③ ④ ⑤

18 ① ② ③ ④ ⑤　　23 ① ② ③ ④ ⑤　　28 ① ② ③ ④ ⑤

19 ① ② ③ ④ ⑤　　24 ① ② ③ ④ ⑤　　29 ① ② ③ ④ ⑤

20 ① ② ③ ④ ⑤　　25 ① ② ③ ④ ⑤　　30 ① ② ③ ④ ⑤

31 ① ② ③ ④ ⑤　　36 ① ② ③ ④ ⑤　　41 ① ② ③ ④ ⑤

32 ① ② ③ ④ ⑤　　37 ① ② ③ ④ ⑤　　42 ① ② ③ ④ ⑤

33 ① ② ③ ④ ⑤　　38 ① ② ③ ④ ⑤　　43 ① ② ③ ④ ⑤

34 ① ② ③ ④ ⑤　　39 ① ② ③ ④ ⑤　　44 ① ② ③ ④ ⑤

35 ① ② ③ ④ ⑤　　40 ① ② ③ ④ ⑤　　45 ① ② ③ ④ ⑤

46 ① ② ③ ④ ⑤

47 ① ② ③ ④ ⑤

48 ① ② ③ ④ ⑤

49 ① ② ③ ④ ⑤

50 ① ② ③ ④ ⑤

EXAMEN DE PRÁCTICA 1

Hoja de respuestas

1 ① ② ③ ④ ⑤	6 ① ② ③ ④ ⑤	11 ① ② ③ ④ ⑤
2 ① ② ③ ④ ⑤	7 ① ② ③ ④ ⑤	12 ① ② ③ ④ ⑤
3 ① ② ③ ④ ⑤	8 ① ② ③ ④ ⑤	13 ① ② ③ ④ ⑤
4 ① ② ③ ④ ⑤	9 ① ② ③ ④ ⑤	14 ① ② ③ ④ ⑤
5 ① ② ③ ④ ⑤	10 ① ② ③ ④ ⑤	15 ① ② ③ ④ ⑤
16 ① ② ③ ④ ⑤	21 ① ② ③ ④ ⑤	26 ① ② ③ ④ ⑤
17 ① ② ③ ④ ⑤	22 ① ② ③ ④ ⑤	27 ① ② ③ ④ ⑤
18 ① ② ③ ④ ⑤	23 ① ② ③ ④ ⑤	28 ① ② ③ ④ ⑤
19 ① ② ③ ④ ⑤	24 ① ② ③ ④ ⑤	29 ① ② ③ ④ ⑤
20 ① ② ③ ④ ⑤	25 ① ② ③ ④ ⑤	30 ① ② ③ ④ ⑤
31 ① ② ③ ④ ⑤	36 ① ② ③ ④ ⑤	41 ① ② ③ ④ ⑤
32 ① ② ③ ④ ⑤	37 ① ② ③ ④ ⑤	42 ① ② ③ ④ ⑤
33 ① ② ③ ④ ⑤	38 ① ② ③ ④ ⑤	43 ① ② ③ ④ ⑤
34 ① ② ③ ④ ⑤	39 ① ② ③ ④ ⑤	44 ① ② ③ ④ ⑤
35 ① ② ③ ④ ⑤	40 ① ② ③ ④ ⑤	45 ① ② ③ ④ ⑤

46 ① ② ③ ④ ⑤

47 ① ② ③ ④ ⑤

48 ① ② ③ ④ ⑤

49 ① ② ③ ④ ⑤

50 ① ② ③ ④ ⑤

Practice Test 1

Directions: Choose the <u>one best answer</u> for each item.

Items 1–3 refer to the following illustration and information.

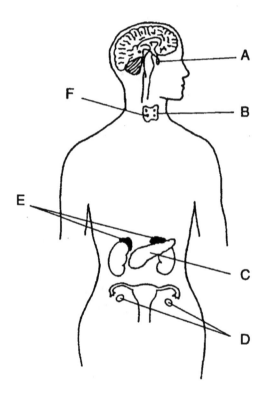

The endocrine glands pictured above secrete hormones into the bloodstream that act on certain tissues, known as target tissues, that have hormone receptors. These tissues respond to the hormones while others do not.

Practice Test 1

Directions: Choose the <u>one best answer</u> for each item.

Items 1–3 refer to the following illustration and information.

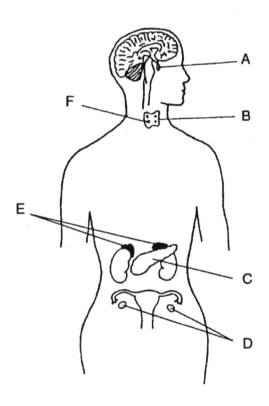

The endocrine glands pictured above secrete hormones into the bloodstream that act on certain tissues, known as target tissues, that have hormone receptors. These tissues respond to the hormones while others do not.

1. Which of the glands produce hormones that act on other glands?

    (1)   A

    (2)   A and B

    (3)   C

    (4)   D

    (5)   A and D

2. Which gland produces hormones that can increase your blood pressure and make your heart rate go up?

    (1)   A

    (2)   B

    (3)   C

    (4)   D

    (5)   E

3. Insulin and glucagon are produced by which gland?

    (1)   A

    (2)   B

    (3)   C

    (4)   D

    (5)   E

4. A student was examining a protist that was magnified 40 times larger than normal under the microscope. She estimated that the protist took up one-half of the field of view. Next she placed a clear plastic ruler under the microscope and found that she could see 4 mm in the field of view. If she then increased her magnification to 100 total magnifications, how much of the protist would she be seeing?

    (1)   0.1

    (2)   0.2

    (3)   0.4

    (4)   0.6

    (5)   0.8

5. The light reactions in photosynthesis produce more than one product. Two of these products are

    (1)   water and oxygen.

    (2)   oxygen and ATP.

    (3)   ATP and water.

    (4)   NADH and ATP.

    (5)   NADH and PGAL.

1. ¿Qué glándulas producen hormonas que actúan sobre otras glándulas?

    (1)   A

    (2)   A y B.

    (3)   C

    (4)   D

    (5)   A y D

2. ¿Qué glándula produce hormonas que pueden aumentar la presión sanguínea y hacer que suba la frecuencia cardíaca?

    (1)   A

    (2)   B

    (3)   C

    (4)   D

    (5)   E

3. ¿Qué glándula produce insulina y glucagón?

    (1)   A

    (2)   B

    (3)   C

    (4)   D

    (5)   E

4. Una estudiante estaba examinando un protisto ampliado 40 veces el tamaño normal bajo el microscopio. Según sus estimaciones, el protisto ocupaba la mitad del campo de visión. A continuación, colocó una regla de plástico transparente bajo el microscopio y descubrió que podía ver 4 mm en el campo de visión. Si entonces aumentaba la ampliación a 100 ampliaciones totales, ¿cuánto podría ver del protisto?

    (1)   0.1

    (2)   0.2

    (3)   0.4

    (4)   0.6

    (5)   0.8

5. Las reacciones de la luz en la fotosíntesis generan más de un producto. Dos de esos productos son

    (1)   agua y oxígeno.

    (2)   oxígeno y ATP.

    (3)   ATP y agua.

    (4)   NADH y ATP.

    (5)   NADH y PGAL.

6. A student wanted to measure the rate of photosynthesis in a closed container. The implement he would most likely use is a
   - (1) thermometer.
   - (2) pH meter.
   - (3) microscope.
   - (4) barometer.
   - (5) turbidity device.

7. In the alternation of generations in mosses, the archegonium is
   - (1) the male structure and is diploid.
   - (2) the male structure and is haploid.
   - (3) the female structure and is diploid.
   - (4) the female structure and is haploid.
   - (5) part of the sporophyte.

8. A student put a rock in a graduated cylinder filled half with water. She was attempting to measure the rock's
   - (1) mass.
   - (2) volume.
   - (3) density.
   - (4) solubility.
   - (5) malleability.

9. A man drove 627.2 miles and used 14.1 gallons of gas. By dividing the former by the latter on his calculator, he obtained an answer of 44.48227. How many miles per gallon should he report?
   - (1) 44.48227
   - (2) 44.4823
   - (3) 44.482
   - (4) 44.48
   - (5) 44.5

10. A volatile liquid has a density of 0.68 g/ml. What is the mass of 500 ml of this substance?
   - (1) 340 g
   - (2) 34 g
   - (3) 735 g
   - (4) 73.5 g
   - (5) 34 kg

6. Un estudiante quiere medir la tasa de fotosíntesis dentro de un recipiente cerrado. El instrumento que más probablemente utilice es un

   (1)   termómetro.

   (2)   medidor de pH.

   (3)   microscopio.

   (4)   barómetro.

   (5)   medidor de turbidez.

7. En la alternación de generaciones en los musgos, el arquegonio es

   (1)   la estructura masculina y es diploide.

   (2)   la estructura masculina y es haploide.

   (3)   la estructura femenina y es diploide.

   (4)   la estructura femenina y es haploide.

   (5)   parte del esporófito.

8. Una estudiante puso una roca en un cilindro graduado lleno de agua hasta la mitad. ¿Qué aspecto de la roca estaba intentando medir?

   (1)   la masa.

   (2)   el volumen.

   (3)   la densidad.

   (4)   la solubilidad.

   (5)   la maleabilidad.

9. Un hombre condujo 627.2 millas y consumió 14.1 galones de combustible. Al dividir la primera cifra por la segunda con la calculadora, obtiene que el resultado es 44.48227. ¿Cuántas millas por galón debería informar?

   (1)   44.48227

   (2)   44.4823

   (3)   44.482

   (4)   44.48

   (5)   44.5

10. Un líquido volátil tiene una densidad de 0.68 g/ml. ¿Cuál es la masa de 500 ml de esta sustancia?

   (1)   340 g

   (2)   34 g

   (3)   735 g

   (4)   73.5 g

   (5)   34 kg

Items 11–13 refer to the following information.

Seawater is a complex solution of salts with an average salinity of about 3.5%. Salinity is a complex process that can be affected by temperature, depth, and density. Therefore, salinity varies by geography and is affected by local factors. Enclosed bays and harbors tend to have higher salinity, while polar waters tend to be slightly less salty due to the melting of ice from continental glaciers into the sea. The most common salt in seawater is sodium chloride (NaCl), or table salt. On average, over 23 grams of sodium chloride are found in 1 liter of ocean water.

11. If seawater has an average salinity of 3.5%, the amount of dissolved salts in 1 liter of seawater is about
    (1)   .35 g.
    (2)   3.5 g.
    (3)   35 g.
    (4)   350 g.
    (5)   3,500 g.

12. Over 2.5 billion tons of sediments are deposited in oceans annually, contributing the mineral base that is the source of seawater salinity. The most likely means of conveyance of the sediments to the ocean is
    (1)   beach erosion.
    (2)   rivers and streams.
    (3)   volcanism.
    (4)   offshore dumping.
    (5)   rain.

13. The passage states that it is common for bays and other restricted bodies of water to have salinity levels above 3.5%. Which of the following is likely to contribute to this situation?
    (1)   Decreased currents in the bay
    (2)   The emptying of river water into the bay
    (3)   Pollutants dumped into the bay
    (4)   Evaporation of the water in the bay
    (5)   Organic matter from plants and animals

Las preguntas 11 a 13 se basan en la siguiente información.

El agua de mar es una solución compleja de sales con un promedio de salinidad de 3.5%. La salinidad es un proceso complejo que puede verse afectado por la temperatura, la profundidad y la densidad. Por lo tanto, la salinidad varía según la ubicación geográfica y se ve afectada por factores locales. Las bahías y los puertos cerrados tienden a tener una mayor salinidad, mientras que las aguas polares tienden a ser un poco menos saladas debido a que los hielos de los glaciares continentales se derriten y van a dar al mar. La sal más común en el agua de mar es el cloruro de sodio (NaCl) o sal común de mesa. En promedio, hay más de 23 gramos de cloruro de sodio por 1 litro de agua oceánica.

11. Si el agua de mar tiene una salinidad promedio de 3.5%, la cantidad de sales disueltas en 1 litro de agua de mar es de aproximadamente

    (1)   .35 g.

    (2)   3.5 g.

    (3)   35 g.

    (4)   350 g.

    (5)   3,500 g.

12. Por año, se depositan en los océanos más de 2,500 millones de toneladas de sedimentos, lo que aporta la base mineral que es la fuente de salinidad del agua de mar. El método más probable de transporte de sedimentos al océano es

    (1)   la erosión de las playas.

    (2)   los ríos y arroyos.

    (3)   el vulcanismo.

    (4)   el vertido mar adentro.

    (5)   la lluvia.

13. El fragmento menciona que es común que las bahías y otras masas de agua tengan niveles de salinidad por encima de 3.5%. ¿Cuál de los siguientes factores puede contribuir a esta situación?

    (1)   La disminución de las corrientes en la bahía

    (2)   El vaciado de agua de río en la bahía

    (3)   El vertido de contaminantes en la bahía

    (4)   La evaporación del agua en la bahía

    (5)   La materia orgánica de animales y plantas

Items 14–16 refer to the following information and illustration.

Opaque objects appear to be a certain color because they reflect light of that color. For instance, a banana is yellow because it primarily reflects yellow light and absorbs other colors, as shown in the figure. Since white light is made up of all colors, there is some light available for reflection for objects of any color.

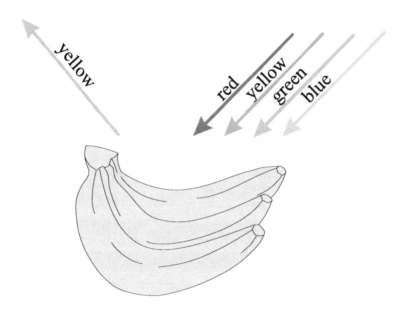

14. According to the passage above, the color of an opaque object depends on
    (1)   the color of the light falling on it.
    (2)   the color of the light transmitted through it.
    (3)   the intensity of the light falling on it.
    (4)   both (1) and (2).
    (5)   both (2) and (3).

15. A material that is red under white-light illumination appears
    (1)   green when illuminated by blue light.
    (2)   orange when illuminated by yellow light.
    (3)   dark green or black when illuminated by green light.
    (4)   red when illuminated by blue light.
    (5)   red when illuminated by green light.

Las preguntas 14 a 16 se basan en la información e ilustración siguientes.

Los objetos opacos parecen ser de un color determinado porque reflejan la luz de dicho color. Por ejemplo, una banana es amarilla porque refleja principalmente luz amarilla y absorbe otros colores, como se indica en la figura. Dado que la luz blanca está compuesta por todos los colores, existe luz disponible para la reflexión de objetos de cualquier color.

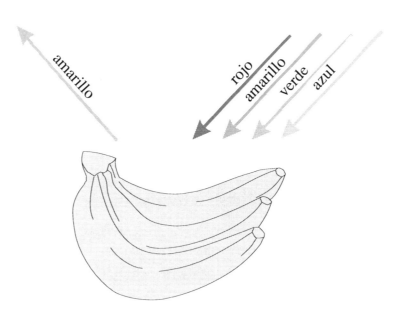

14. Según el fragmento anterior, el color de un objeto opaco depende de

    (1)   el color de la luz que cae sobre el objeto.

    (2)   el color de la luz que se transmite a través del objeto.

    (3)   la intensidad de la luz que cae sobre el objeto.

    (4)   tanto (1) como (2).

    (5)   tanto (2) como (3).

15. Un material que es rojo bajo iluminación blanca se ve

    (1)   verde cuando se lo ilumina con luz azul.

    (2)   naranja cuando se lo ilumina con luz amarilla.

    (3)   verde oscuro o negro cuando se lo ilumina con luz verde.

    (4)   rojo cuando se lo ilumina con luz azul.

    (5)   rojo cuando se lo ilumina con luz verde.

16. If an object appears blue, you can conclude that it is being illuminated

    (1)   only by blue light.

    (2)   by a mixture of colors that includes blue.

    (3)   by yellow light.

    (4)   by some color of light other than blue.

    (5)   by all colors except blue.

17. A permanent magnet consists of magnetic domains, which are groups of atoms aligned to make tiny magnets, as shown in the first figure below. When these domains are randomly aligned, their magnetic fields cancel and the magnet is demagnetized, as shown in the second figure below. Adding energy to the magnet tends to randomize the alignment of the domains. Which of these should be avoided to prevent demagnetization?

aligned domains

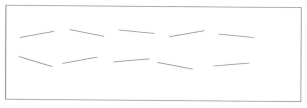

randomized domains

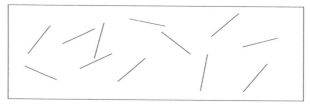

    (1)   Heating the magnet

    (2)   Striking the magnet with a hammer

    (3)   Rotating the magnet through 360 degrees

    (4)   Both (1) and (2)

    (5)   All of the above

16. Si un objeto se ve azul, podemos deducir que está siendo iluminado

    (1) solamente por luz azul.

    (2) por una mezcla de colores que incluye azul.

    (3) por luz amarilla.

    (4) por algún color de luz que no sea azul.

    (5) por todos los colores excepto azul.

17. Un imán permanente está compuesto por dominios magnéticos, que son grupos de átomos alineados para crear imanes pequeños, como se muestra en la primera figura a continuación. Cuando estos dominios se alinean aleatoriamente, los campos magnéticos se cancelan y el imán se desmagnetiza, como muestra la segunda figura. El agregado de energía al imán tiende a hacer que la alineación de los dominios sea aleatoria. ¿Cuál de estas acciones debería evitarse para impedir la desmagnetización?

Dominios alineados

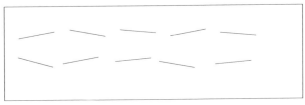

Dominios aleatorios

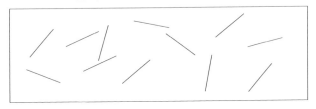

    (1) Calentar el imán.

    (2) Golpear el imán con un martillo.

    (3) Girar el imán 360 grados.

    (4) Tanto (1) como (2).

    (5) Todas las anteriores.

Items 18 and 19 refer to the following illustration.

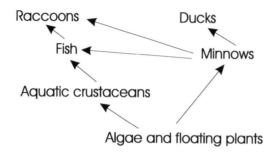

18. The diagram above shows that
   (1)   algae and floating plants are the primary consumers.
   (2)   aquatic crustaceans and minnows are the primary consumers.
   (3)   fish and ducks are the primary consumers.
   (4)   raccoons are the quaternary consumers.
   (5)   fish eat raccoons.

19. If water contained 0.001 ppm of a nonbiodegradable substance, such as DDT, which of the following statements is the least likely to be correct?
   (1)   The amount of DDT is more in 1 gram of duck than in 1 gram of minnow.
   (2)   The amount of DDT could be as high as 10 ppm in raccoons.
   (3)   The amount of DDT is higher in fish than in raccoons.
   (4)   The amount of DDT is higher in crustaceans than in plants.
   (5)   The amount of DDT could be as high as 1 ppm in fish.

Las preguntas 18 y 19 se basan en la siguiente ilustración.

18. El diagrama anterior muestra que

    (1)   las algas y las plantas flotantes son los principales consumidores.

    (2)   los crustáceos acuáticos y algunos peces pequeños (minnow) son los principales consumidores.

    (3)   los peces y los patos son los principales consumidores.

    (4)   los mapaches son los consumidores cuartenarios.

    (5)   los peces comen mapaches.

19. Si el agua tuviera 0.001 ppm de una sustancia no biodegradable, como el DDT (diclorodifeniltricloroetano), ¿cuál de los siguientes enunciados sería el menos acertado?

    (1)   La cantidad de DDT es mayor en 1 gramo de pato que en 1 gramo de pez pequeño.

    (2)   La cantidad de DDT puede llegar a incluso 10 ppm en los mapaches.

    (3)   La cantidad de DDT es mayor en los peces que en los mapaches.

    (4)   La cantidad de DDT es mayor en los crustáceos que en las plantas.

    (5)   La cantidad de DDT puede llegar a incluso 1 ppm en los peces.

Item 20 refers to the following illustration.

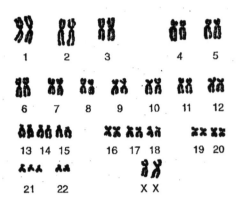

20. The above illustration is a karyotype, a picture of homologous chromosomes. Which of the following statements is most likely to be correct?

(1) The chromosomes have to be human because there are 23 pairs, and only humans have 23 pairs.

(2) The individual these chromosomes belong to is probably mentally affected.

(3) The individual these chromosomes belong to is a boy with brown hair.

(4) The individual these chromosomes belong to is a girl with black hair.

(5) There isn't enough information in the karyotype to draw any conclusions.

21. The reason there is more biodiversity in land areas around the equator than around the 35° north or south latitude is that

(1) plant life evolved at the equator.

(2) there is more radiant energy at the equator.

(3) there are fewer mountains at the equator.

(4) the rain shadow effect is more pronounced at the equator.

(5) animal life evolved at the equator.

La pregunta 20 se basa en la siguiente ilustración.

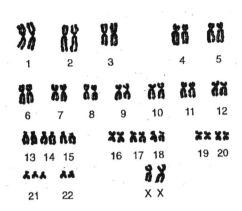

20. La ilustración anterior es un cariotipo y muestra cromosomas homólogos. ¿Cuál de los siguientes enunciados es el más acertado?

    (1)   Los cromosomas tienen que ser humanos porque hay 23 pares, y solamente los seres humanos tienen 23 pares.

    (2)   El individuo a quien pertenecen estos cromosomas probablemente sufre de deficiencias mentales.

    (3)   El individuo a quien pertenecen estos cromosomas es un niño de cabello castaño.

    (4)   El individuo a quien pertenecen estos cromosomas es una niña de cabello negro.

    (5)   No existe información suficiente en el cariotipo para sacar conclusiones.

21. El motivo por el cual hay mayor biodiversidad en las áreas cercanas al ecuador que en las que rodean los 35° de latitud al norte o al sur es que

    (1)   la vida vegetal evolucionó en el ecuador.

    (2)   en el ecuador hay mayor energía radiante.

    (3)   en el ecuador hay menor cantidad de montañas.

    (4)   el efecto de sombra pluviométrica es más pronunciado en el ecuador.

    (5)   la vida animal evolucionó en el ecuador.

22. After Watson and Crick discovered the structure of DNA in 1954, it was years before anyone could do anything like genetic engineering. The most important scientific discovery that led to the manipulation of DNA strands from one organism to another was the discovery of

   (1)   restriction enzymes.
   (2)   gel electrophoresis.
   (3)   ethidium bromide.
   (4)   triple helical DNA.
   (5)   reverse transcriptase.

23. In order to elucidate the structure of DNA, Watson and Crick used information previously gained by

   (1)   Stanley and Cohen.
   (2)   Alfred Hershey and Martha Chase.
   (3)   Messelson and Stahl.
   (4)   Rosalind Franklin and Maurice Wilkins.
   (5)   all of the above.

24. Atoms consist of a small, heavy nucleus surrounded by a cloud of electrons. The nucleus contains most of the mass of the atom. Which force holds the electrons in place around the nucleus?

   (1)   Gravity
   (2)   Electric
   (3)   Magnetic
   (4)   Nuclear
   (5)   Caloric

25. Shorter-wavelength light scatters more efficiently from particles than longer-wavelength light, if these particles are much smaller than the wavelength. Air molecules are much smaller than any visible wavelengths, so more light on the blue end of the spectrum is scattered from the sun. This makes the sky blue. The Blue Ridge Mountains of North Carolina and Virginia are outlined in blue for much the same reason. From this, what conclusion can be drawn?

   (1)   The mountains are made of blue rocks.
   (2)   There is more air near the mountains than in most places, making them more blue.
   (3)   The mountains are so high that they pick up some color from the sky.
   (4)   The blue color is an illusion.
   (5)   Small particles must be causing additional scattering near the mountain ridges.

22. Después de que Watson y Crick descubrieran la estructura del ADN en 1954, pasaron años hasta que el hombre pudiera hacer algo como la ingeniería genética. El descubrimiento científico más importante que derivó en la manipulación de cadenas de ADN de un organismo a otro fue el descubrimiento de

    (1) las enzimas de restricción.

    (2) la electroforesis en gel.

    (3) el bromuro de etidio.

    (4) el ADN de triple hélice.

    (5) la transcriptasa inversa.

23. Para poder dilucidar la estructura del ADN, Watson y Crick utilizaron información obtenida anteriormente por

    (1) Stanley y Cohen.

    (2) Alfred Hershey y Martha Chase.

    (3) Messelson y Stahl.

    (4) Rosalind Franklin y Maurice Wilkins.

    (5) todas las anteriores.

24. Los átomos están compuestos por un núcleo pesado y pequeño, rodeado de una nube de electrones. El núcleo contiene la mayor parte de la masa del átomo. ¿Cuál es la fuerza que mantiene a los electrones en su lugar alrededor del núcleo?

    (1) La gravedad.

    (2) La eléctrica.

    (3) La magnética.

    (4) La nuclear.

    (5) La calórica.

25. La luz con longitudes de onda más cortas se dispersa desde las partículas en forma más eficiente que la luz con longitudes de onda más largas, si dichas partículas son mucho más pequeñas que la longitud de onda. Las moléculas de aire son mucho más pequeñas que cualquier longitud de onda visible, de modo que el sol dispersa mayor luz del extremo azul del espectro. Esto hace que el cielo se vea azul. Las montañas Blue Ridge (o Cordillera Azul) de Carolina del Norte y Virginia están delineadas en azul por este mismo motivo. ¿Qué conclusión podemos sacar de esto?

    (1) Las montañas están hechas de rocas azules.

    (2) Hay más aire cerca de las montañas que en la mayoría de los lugares, lo que las hace más azules.

    (3) Las montañas son tan altas que toman parte del color del cielo.

    (4) El color azul es una ilusión.

    (5) Debe haber partículas pequeñas que causan dispersión adicional cerca de las cimas de las montañas.

26. A block slides down an inclined plane with little friction, as shown in the figure below.

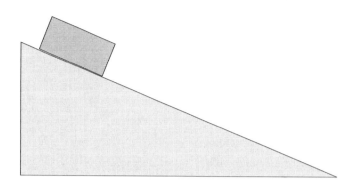

What would happen if the incline were made steeper?

(1)   The block would slide more slowly because the incline pushes on the block more.

(2)   The block would slide more slowly because there is more friction.

(3)   The block would slide more quickly because the incline is not pushing the block up as much.

(4)   The block would slide more quickly because the force of gravity is greater.

(5)   The block would slide in the same amount of time because gravitational acceleration is a constant.

Items 27 and 28 refer to the following table.

Element	Molar mass
Hydrogen	1
Carbon	12
Nitrogen	14
Oxygen	16

27. Ammonia is made by the Haber process, which combines hydrogen and nitrogen according to the following formula:

$$3H_2 + N_2 = 2NH_3$$

How many grams of nitrogen would be needed to make 51 grams of ammonia?

(1)   46

(2)   42

(3)   31

(4)   28

(5)   21

26. Un bloque se desliza por un plano inclinado con poca fricción, como se muestra en la siguiente figura.

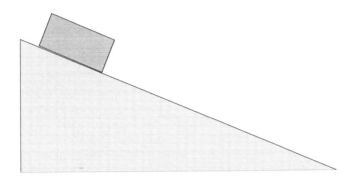

¿Qué ocurriría si la inclinación se hiciese más pronunciada?

(1)   El bloque se deslizaría con mayor lentitud dado que la inclinación ejerce una mayor fuerza normal sobre el bloque.

(2)   El bloque se deslizaría con mayor lentitud dado que existe mayor fricción.

(3)   El bloque se deslizaría con mayor rapidez dado que la inclinación ya no está ejerciendo tanta fuerza normal sobre el bloque.

(4)   El bloque se deslizaría con mayor rapidez dado que la fuerza de gravedad es mayor.

(5)   El bloque se deslizaría en el mismo lapso de tiempo dado que la aceleración gravitacional es una constante.

Las preguntas 27 y 28 se basan en la siguiente tabla.

Elemento	**Masa molar**
Hidrógeno	1
Carbono	12
Nitrógeno	14
Oxígeno	16

27. El amoníaco se obtiene mediante el proceso Haber, que combina hidrógeno y nitrógeno según la siguiente fórmula:

$$3H_2 + N_2 = 2NH_3$$

¿Cuántos gramos de nitrógeno se necesitarán para hacer 51 gramos de amoníaco?

(1)   46

(2)   42

(3)   31

(4)   28

(5)   21

28. A compound was analyzed and found to be composed of 40% carbon, 6.667% hydrogen, and 53.33% oxygen. What is the empirical formula for this compound?

(1) CHO

(2) C_2HO

(3) CH_2O

(4) C_2H_2O

(5) CH_2O_2

Item 29 refers to the following diagram of ionization energies.

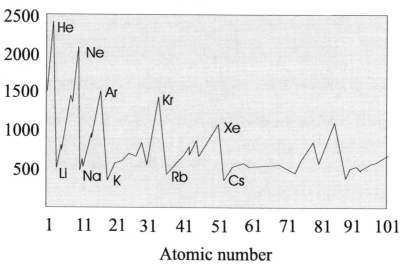

29. Within a row, the ionization energies generally increase from left to right. The above illustration and statement can be explained best by which of the following statements?

(1) The buildup of electrons between the nucleus and the outermost electrons shields those outermost electrons, which will be removed.

(2) The increase of electrons in the lower energy levels is more important than the distance of the outermost electrons from the nucleus.

(3) The increase in the number of electrons in the outermost shells will cause the ionization energies to increase.

(4) The increase in ionization energy is the result of an increase in nuclear charge without an increase in shielding.

(5) The increase in nuclear charge affects those electrons closest to the nucleus.

28. Se analizó un compuesto y se descubrió que estaba formado por 40% de carbono, 6.667% de hidrógeno y 53.33% de oxígeno. ¿Cuál es la fórmula empírica de este compuesto?

   (1)   CHO

   (2) C_2HO

   (3) CH_2O

   (4) C_2H_2O

   (5) CH_2O_2

La pregunta 29 se basa en el siguiente diagrama de energías de ionización.

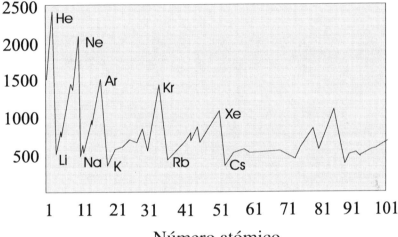

Energía de Ionización vs. Número Atómico

29. Dentro de una hilera, las energías de ionización suelen aumentar de izquierda a derecha. ¿Cuál de los siguientes enunciados explica mejor la ilustración y el fragmento anteriores?

   (1)   La acumulación de electrones entre el núcleo y los electrones externos actúa como escudo de estos electrones más alejados, que serán eliminados.

   (2)   El aumento de electrones en los niveles de energía más bajos es más importante que la distancia de los electrones que se encuentran más alejados del núcleo.

   (3)   El aumento en la cantidad de electrones de las capas exteriores hará que las energías de ionización aumenten.

   (4)   El aumento de la energía de ionización es el resultado de un aumento en la carga nuclear, sin un aumento en los escudos.

   (5)   El aumento de la carga nuclear afecta a los electrones más cercanos al núcleo.

30. Which of the following is the correct formula for iron (III) oxide?

    (1) Fe_2O_3

    (2) FeO_2

    (3) Fe_2O_2

    (4) FeO_3

    (5) Fe_3O_2

Items 31–33 refer to the following illustration.

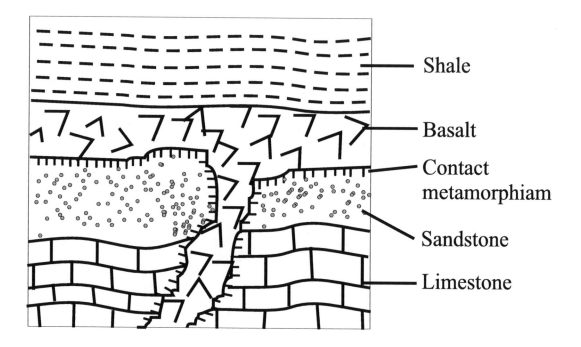

31. According to the law of superposition, which of the illustrated layers is the youngest?

    (1)   Shale

    (2)   Basalt

    (3)   Sandstone

    (4)   Limestone

    (5)   Not enough information is given

32. Which of the layers in the diagram illustrates an igneous intrusion into sedimentary rock?

    (1)   Shale

    (2)   Basalt

    (3)   Sandstone

    (4)   Limestone

    (5)   Not enough information is given

30. ¿Cuál de las siguientes es la fórmula correcta del óxido de hierro (III)?

    (1) Fe_2O_3

    (2) FeO_2

    (3) Fe_2O_2

    (4) FeO_3

    (5) Fe_3O_2

Las preguntas 31 a 33 se basan en la siguiente ilustración.

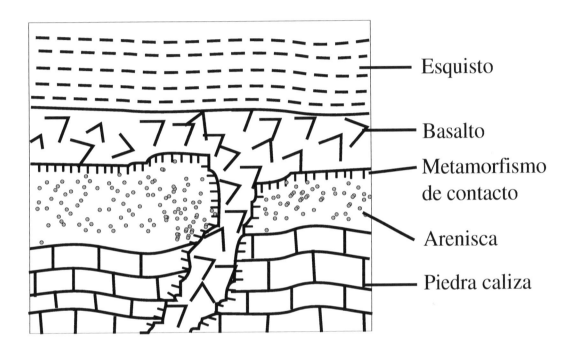

31. De acuerdo con la Ley de Superposición, ¿cuál de las capas ilustradas es la de menor edad?

    (1)   Esquisto.

    (2)   Basalto

    (3)   Arenisca

    (4)   Piedra caliza

    (5)   No hay información suficiente

32. ¿Cuál de las capas del diagrama ilustra una intrusión ígnea en la roca sedimentaria?

    (1)   Esquisto.

    (2)   Basalto.

    (3)   Arenisca.

    (4)   Piedra caliza.

    (5)   No hay información suficiente.

33. Which of the rock types listed below could be substituted for the basalt layer without changing the accuracy of the diagram?
    (1) Conglomerate
    (2) Marble
    (3) Schist
    (4) Granite
    (5) Chalk

Items 34 and 35 refer to the following illustration and information.

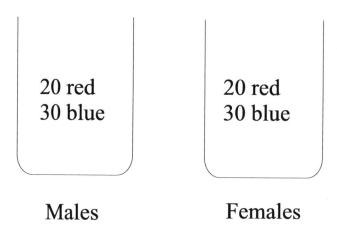

Each beaker represents the frequency of certain alleles of a gene pair in a sexually reproducing population. Assume that the beaker on the left represents males and the one on the right represents females.

34. If the act of sexual reproduction is the union of one allele from each container, what is the probability that the first union will be one red and one blue?
    (1) 0.24
    (2) 0.36
    (3) 0.48
    (4) 0.50
    (5) 0.60

35. If these ratios represented the allele frequency of a genetic disease that would affect a person with two blue alleles, what percentage of the population is affected?
    (1) 24%
    (2) 36%
    (3) 48%
    (4) 50%
    (5) 60%

33. ¿Cuál de los tipos de rocas listados a continuación podría sustituirse por una capa de basalto sin modificar la precisión del diagrama?

    (1)   Conglomerado.

    (2)   Mármol.

    (3)   Esquisto.

    (4)   Granito.

    (5)   Caliza.

Las preguntas 34 y 35 se basan en la información e ilustración siguientes.

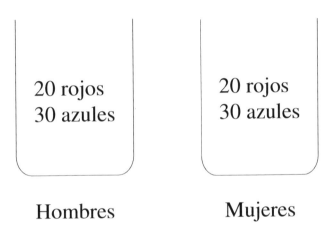

Hombres   Mujeres

Cada vaso de precipitados representa la frecuencia de ciertos alelos de un par de genes en una población que se reproduce sexualmente. Suponga que el vaso de precipitados de la izquierda representa a los especímenes masculinos y el de la derecha a los femeninos.

34. Si el acto de reproducción sexual es la unión de un alelo de cada recipiente, ¿que probabilidad hay de que la primera unión sea de uno rojo y uno azul?

    (1)   0.24

    (2)   0.36

    (3)   0.48

    (4)   0.50

    (5)   0.60

35. Si estas proporciones representan la frecuencia de alelos de una enfermedad genética que podría afectar a una persona con dos alelos azules, ¿qué porcentaje de la población se vería afectado?

    (1)   24%

    (2)   36%

    (3)   48%

    (4)   50%

    (5)   60%

Items 36 and 37 refer to the following illustration and information.

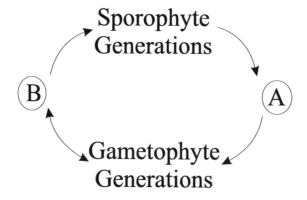

Green plants and their ancestors go through a unique life cycle known as the alternation of generations. In one generation or life stage the plant structures are haploid, and in the other they are diploid. The illustration shows that these two stages are called sporophyte and gametophyte.

36. To correctly fill in the diagram, the (A) and (B) spaces would be labeled

    (1)   fertilization (A), meiosis (B).

    (2)   meiosis (A), fertilization (B).

    (3)   spores (A), meiosis (B).

    (4)   meiosis (A), gametes (B).

    (5)   spores (A), gametes (B).

37. Which process must occur before the gametophyte generation?

    (1)   Fertilization

    (2)   Mitosis

    (3)   Germination

    (4)   Meiosis

    (5)   Evolution

38. Which of the following will result in a lower chance of developing arteriosclerosis?

    (1)   Eating a high-fiber diet

    (2)   Exercising regularly

    (3)   Smoking cigarettes

    (4)   Eating large quantities of polyunsaturated fats

    (5)   Having several alcoholic drinks each day

Las preguntas 36 y 37 se basan en la información e ilustración siguientes.

Las plantas verdes y sus ancestros atraviesan un ciclo de vida único conocido como alternación de generaciones. En una generación o etapa de vida, las estructuras de la planta son haploides y en la otra son diploides. La ilustración muestra que estas dos etapas se denominan esporófita y gametófita.

36. Para completar el diagrama correctamente, los espacios (A) y (B) deben ser rotulados como

    (1)   fertilización (A), meiosis (B).

    (2)   meiosis (A), fertilización (B).

    (3)   esporas (A), meiosis (B).

    (4)   meiosis (A), gametos (B).

    (5)   esporas (A), gametos (B).

37. ¿Qué proceso debe ocurrir antes de la generación gametófita?

    (1)   Fertilización.

    (2)   Mitosis.

    (3)   Germinación.

    (4)   Meiosis.

    (5)   Evolución.

38. ¿Cuál de las siguientes prácticas tendrá como resultado un menor riesgo de desarrollar arterioesclerosis?

    (1)   Comer una dieta rica en fibra.

    (2)   Hacer ejercicio en forma habitual.

    (3)   Fumar cigarrillos.

    (4)   Comer grandes cantidades de grasas poliinsaturadas.

    (5)   Beber varias bebidas alcohólicas por día.

39. The part of the digestive tract that is mainly responsible for the digestion of proteins is the
    (1)   esophagus.
    (2)   stomach.
    (3)   small intestine.
    (4)   large intestine.
    (5)   liver.

40. Which of the following has the greatest effect on stream erosion?
    (1)   Climate
    (2)   Clevation
    (3)   Temperature
    (4)   Water depth
    (5)   Slope

41. In which layer of the atmosphere does all life reside and weather occur?
    (1)   Mesosphere
    (2)   Troposphere
    (3)   Stratosphere
    (4)   Ionosphere
    (5)   Lithosphere

Items 42 and 43 refer to the following information.

The height and wavelength of a water wave depends on several factors. The depth of the water, the wind speed, the length of time the wind has blown, and the size of the area over which the wind blows all contribute to a wave's height and length. The largest water waves are produced by strong winds that blow for many hours over large areas.

42. In which of the following locations would waves likely be highest?
    (1)   Pacific Ocean
    (2)   Lake Superior
    (3)   Mediterranean Sea
    (4)   Red Sea
    (5)   Gulf of Mexico

43. When a wave reaches shallow water, its wavelength decreases. The ocean bottom slows the wave down, but the crest continues to move forward. What is the result of this situation?
    (1)   A current pulls the wave away from the shore.
    (2)   The crest tumbles over and the wave breaks on shore.
    (3)   The wave comes onto the beach at a steep angle.
    (4)   The crest grows higher.
    (5)   The trough moves faster.

39. La parte del tracto digestivo que es responsable principalmente de la digestión de las proteínas es el

    (1) esófago.

    (2) estómago.

    (3) intestino delgado.

    (4) intestino grueso.

    (5) hígado.

40. ¿Cuál de los siguientes factores tiene un mayor impacto en la erosión de los arroyos?

    (1) El clima.

    (2) La elevación.

    (3) La temperatura.

    (4) La profundidad del agua.

    (5) La pendiente.

41. ¿En qué capa de la atmósfera reside toda la vida y ocurre la meteorización?

    (1) Mesosfera.

    (2) Troposfera.

    (3) Estratósfera.

    (4) Ionosfera.

    (5) Litosfera.

Las preguntas 42 y 43 se basan en la siguiente información.

La altura y la longitud de onda de una ola de agua depende de distintos factores. La profundidad del agua, la velocidad del viento, el lapso de tiempo en que sopla el viento y el tamaño del área sobre la cual sopla el viento, todos son factores que contribuyen a determinar la altura y longitud de la ola. Las olas de agua más grandes son producidas por vientos fuertes que soplan durante muchas horas sobre áreas grandes.

42. ¿En cuál de las siguientes ubicaciones es más probable que se encuentren las olas más grandes?

    (1) Océano Pacífico.

    (2) Lago Superior.

    (3) Mar Mediterráneo.

    (4) Mar Rojo.

    (5) Golfo de México.

43. Cuando una ola alcanza aguas poco profundas, su longitud de onda disminuye. El fondo del océano disminuye la velocidad de la ola pero la cresta continúa avanzando. ¿Cuál es el resultado de esta situación?

    (1) Una corriente eleja la ola de la playa.

    (2) La cresta cae y la ola rompe en la playa.

    (3) La ola llega a la playa en un ángulo pronunciado.

    (4) La cresta se hace más grande.

    (5) El seno de la ola se mueve más rápido.

Items 44 and 45 refer to the following illustration, which shows two different gases at the same temperature, pressure, and volume.

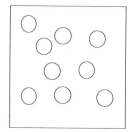 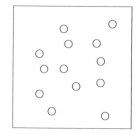

44. The diagram depicts equal numbers of molecules in each container, although they are different elements. The person who developed the idea that equal volumes of gases at the same temperature and pressure contain the same number of molecules was

   (1)   Leonardo daVinci.

   (2)   Plato.

   (3)   Avogadro.

   (4)   Boltzman.

   (5)   Boyle.

45. Assume that the container on the left has 0.1 mole of oxygen in it and the one on the right has nitrogen in it. Which statement is correct?

   (1)   The masses of the gases are the same.

   (2)   The number of moles of gases are identical.

   (3)   The number of particles in the two containers are different.

   (4)   If a tube were placed between the containers, more oxygen molecules than nitrogen molecules would diffuse.

   (5)   The pressure in the container on the left will rise faster because of the larger molecules.

Las preguntas 44 y 45 se basan en la siguiente ilustración, que muestra dos gases distintos a la misma temperatura, presión y volumen.

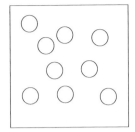 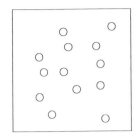

44. El diagrama muestra cantidades iguales de moléculas en cada recipiente, a pesar de que se trata de elementos distintos. La persona que desarrolló la idea de que volúmenes iguales de gas a la misma temperatura y presión contienen la misma cantidad de moléculas fue

    (1)   Leonardo daVinci.

    (2)   Platón.

    (3)   Avogadro.

    (4)   Boltzman.

    (5)   Boyle.

45. Suponga que el recipiente de la izquierda tiene 0.1 mol de oxígeno en él y que el de la derecha tiene nitrógeno. ¿Cuál de estos enunciados es correcto?

    (1)   Las masas de los gases son iguales.

    (2)   La cantidad de moles de gas es idéntica.

    (3)   La cantidad de partículas en los dos recipientes es distinta.

    (4)   Si se colocara un tubo entre los recipientes, se esparcirían más moléculas de oxígeno que de nitrógeno.

    (5)   La presión en el recipiente de la izquierda aumentará más rápido debido a las moléculas más grandes.

46. Momentum is always conserved in a collision between two objects. If the collision also conserves kinetic energy, it is called elastic; if not, it is inelastic. Consider two objects, A and B, that collide and stick together. They encounter a third object, C, in a collision. The kinetic energy of all three objects before the first collision is greater than the sum of their kinetic energies after the second collision. What conclusion can be drawn?

(1)   Both collisions were elastic because momentum is conserved.

(2)   Both collisions were inelastic because kinetic energy is conserved.

(3)   Both collisions were inelastic because kinetic energy is not conserved.

(4)   At least one of the collisions was inelastic because kinetic energy is not conserved.

(5)   At least one of the collisions was elastic because kinetic energy is not conserved.

Items 47 and 48 refer to the following illustration.

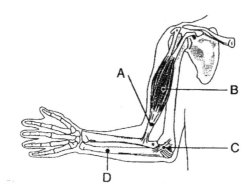

47. Based on the diagram, which answer is correct?

(1)   A is a ligament, and B is the femur.

(2)   A is a tendon , and C is a ligament.

(3)   A is a ligament , and B is the triceps.

(4)   C is a tendon, and B is the triceps.

(5)   None of the above statements is true.

48. The bone labeled D is the

(1)   phalanges.

(2)   carpel.

(3)   radius.

(4)   ulna.

(5)   humerus.

46. El momento se conserva siempre en un choque entre dos objetos. Si el choque también conserva la energía cinética, se llama elástico, de lo contrario, es inelástico. Tomemos dos objetos, A y B, que chocan y quedan unidos. Éstos colisionan con un tercer objeto, C. La energía cinética de los tres objetos antes del primer choque es mayor que la suma de las energías cinéticas después del segundo choque. ¿Qué conclusión se puede sacar?

   (1)   Ambos choques fueron elásticos porque se conserva el momento.

   (2)   Ambos choques fueron inelásticos porque se conserva la energía cinética.

   (3)   Ambos choques fueron inelásticos porque no se conserva la energía cinética.

   (4)   Al menos uno de los choques fue inelástico dado que no se conserva la energía cinética.

   (5)   Al menos uno de los choques fue elástico dado que no se conserva la energía cinética.

Las preguntas 47 y 48 se basan en la siguiente ilustración.

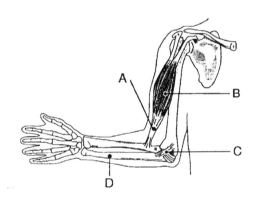

47. En base al diagrama, ¿cuál respuesta es correcta?

   (1)   A es un ligamento y B es el fémur.

   (2)   A es un tendón y C es un ligamento.

   (3)   A es un ligamento y B son los tríceps.

   (4)   C es un tendón y B son los tríceps.

   (5)   Ninguno de los enunciados es verdadero.

48. El hueso rotulado D se llama

   (1)   falanges.

   (2)   carpiano.

   (3)   radio.

   (4)   cúbito.

   (5)   húmero.

49. Which of the following factors does not favor a change in gene frequency, and therefore does not favor evolution?

(1) Large populations

(2) Mutations

(3) Emigrations

(4) Genetic drift

(5) Sexual selection

Item 50 refers to the following illustration.

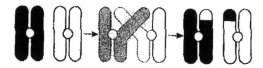

The drawing above is an illustration of

(1) independent assortment.

(2) sex determination.

(3) nondisjunction.

(4) karyotyping.

(5) crossing over.

49. ¿Cuál de los siguientes factores no favorece un cambio en la frecuencia genética y, por lo tanto, no favorece la evolución?

    (1)   Las grandes poblaciones.

    (2)   Las mutaciones.

    (3)   Las emigraciones.

    (4)   La deriva genética.

    (5)   La selección sexual.

La pregunta 50 se basa en la siguiente ilustración.

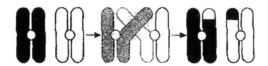

El dibujo anterior es una ilustración de

    (1)   variedad independiente.

    (2)   determinación sexual.

    (3)   no disyunción.

    (4)   cariotipos.

    (5)   cruza.

ANSWERS AND EXPLANATIONS

1. **The correct answer is (5). (Fundamental understandings)** The pituitary gland is the master gland that can control other glands, although it is under the guidance of the hypothalamus. The ovaries also produce hormones that provide feedback to the pituitary and to the hypothalamus.

2. **The correct answer is (5). (Fundamental understandings)** Epinephrine is produced in the adrenal glands, which are anterior to (on top of) the kidneys.

3. **The correct answer is (3). (Fundamental understandings)** The pancreas produces these important hormones, which regulate blood glucose levels.

4. **The correct answer is (5). (Unifying concepts and processes)** The field of view at 40 magnifications was 4 mm in diameter; therefore the protist was 2 mm. If she increased her magnification to 400, she would only be seeing 0.4 mm, but she can see four times that amount at 100 magnifications, or 1.6 mm. Therefore, $1.6 \div 2$ is 0.8 or 80% of the protist.

5. **The correct answer is (2). (Unifying concepts and processes)** In the light reactions, water is split into oxygen and hydrogen. The former is given off, and the latter is associated with NADP to become NADPH. ATP is formed in the light reaction and is used to power the production of PGAL in the Calvin cycle, or the light-independent reactions.

6. **The correct answer is (2). (Science as inquiry)** A pH meter allows you to detect the assimilation of carbon dioxide, which results in an increase in the pH.

7. **The correct answer is (4). (Fundamental understandings)** When the sperm, produced in the antheridia, meets the egg in the archegonium, the resulting embryo will be diploid.

8. **The correct answer is (2). (Unifying concepts and processes)** She might measure the density eventually, but she can't find that out without knowing both the volume and the mass of the rock.

9. **The correct answer is (5). (Unifying concepts and processes)** This question deals with significant digits, which are limited to the smallest number of digits in the calculation.

10. **The correct answer is (1). (Unifying concepts and processes)** To calculate the mass, use the formula for density and rearrange it:

$$D = \frac{m}{v}, \text{ therefore } m = D \times v$$

RESPUESTAS Y EXPLICACIONES

1. **La respuesta correcta es la (5). (Interpretación básica)** La hipófisis es la glándula maestra que puede controlar otras glándulas, a pesar de que está guiada por el hipotálamo. Los ovarios también producen hormonas que proporcionan retroalimentación a la hipófisis y al hipotálamo.

2. **La respuesta correcta es la (5). (Interpretación básica)** La epinefrina se produce en las glándulas suprarrenales, que son anteriores a (están por encima de) los riñones.

3. **La respuesta correcta es la (3). (Interpretación básica)** El páncreas produce estas importantes hormonas, que regulan los niveles de glucosa en la sangre.

4. **La respuesta correcta es la (5). (Conceptos y procesos unificadores)** El campo de visión a 40 ampliaciones era de 4 mm de diámetro; por lo tanto, el protisto era de 2 mm. Si ella aumentaba la ampliación a 400, solamente vería 0.4 mm, pero podía ver cuatro veces esa cifra a 100 ampliaciones o 1.6 mm. Por lo tanto, 1.6 ÷ 2 es 0.8 u 80% del protisto.

5. **La respuesta correcta es la (2). (Conceptos y procesos unificadores)** En las reacciones de luz, el agua se divide en oxígeno e hidrógeno. El primero se libera mientras que el segundo se asocia con NADP para convertirse en NADPH. La ATP se forma en la reacción de luz y se utiliza para dar potencia a la producción de PGAL en el ciclo de Calvin, o las reacciones independientes de la luz.

6. **La respuesta correcta es la (2). (Ciencia como investigación)** Un medidor de pH le permite detectar la asimilación de dióxido de carbono, que resulta en un aumento del pH.

7. **La respuesta correcta es la (4). (Interpretación básica)** Cuando el esperma, producido en el anteridio, se encuentra con el huevo en el arquegonio, el embrión resultante será diploide.

8. **La respuesta correcta es la (2). (Conceptos y procesos unificadores)** Podrá medir la densidad eventualmente, pero no podrá hacerlo sin antes conocer el volumen y la masa de la roca.

9. **La respuesta correcta es la (5). (Conceptos y procesos unificadores)** Esta pregunta es sobre dígitos significativos, que están limitados a la cantidad más pequeña de dígitos en el cálculo.

10. **La respuesta correcta es la (1). (Conceptos y procesos unificadores)** Para calcular la masa, utilice la fórmula para la densidad y ordénela:

$$D = m/v, \text{ por lo tanto } m = D \times v$$

11. **The correct answer is (3). (Science as inquiry)** One liter of water is 1,000 ml. 3.5 % of 1,000 is 35.

12. **The correct answer is (2). (Fundamental understandings)** Flowing water is a significant mover of sediments. Rain deposits little in the way of sediments and overall would dilute the concentration of minerals, choice (5). Volcanism, choice (3); human action, choice (4); and beach erosion, choice (2), would contribute to some degree, but not nearly as systematically as water erosion and runoff.

13. **The correct answer is (2). (Fundamental understandings)** Fresh water dumped into a bay would actually decrease salinity. Estuaries are ecosystems based on brackish waters with reduced salinity.

14. **The correct answer is (1). (Fundamental understandings)** The color reflected to the eye determines the object's perceived color, which depends on the color of the light falling on it. The intensity does not determine the color, and light is not transmitted through opaque objects.

15. **The correct answer is (3). (Fundamental understandings)** The red object primarily reflects red light. Since it may reflect a little green light, it may appear slightly green under green light. Under illumination by other colors, it cannot appear red, so choices (4) and (5) are incorrect. Choices (1) and (2) are wrong because the material cannot change the color of incident light.

16. **The correct answer is (2). (Fundamental understandings)** Blue light must be reflected to the observer for the object to appear blue. White light contains blue light, but the other colors are not required. Choice (1) is wrong because other colors may be present in the illuminating light.

17. **The correct answer is (4). (Unifying concepts and processes)** Heating the magnet adds thermal energy and striking it adds mechanical energy. Both tend to randomize the orientation of domains. Rotating the magnet does not add energy to the magnet.

18. **The correct answer is (2). (Fundamental understandings)** Primary consumers are herbivores, which eat the green plants, or producers.

19. **The correct answer is (3). (Fundamental understandings)** As one moves up the food chain, each level will accumulate nonbiodegradable poisons in the tissues. This buildup is termed biological magnification.

20. **The correct answer is (2). (Science and technology)** The karyotype reveals three chromosomes in the twenty-first pair, a product of nondisjunction, a symptom of which is mental retardation.

11. **La respuesta correcta es la (3). (Ciencia como investigación)** Un litro de agua equivale a 1,000 ml. 3.5 % de 1,000 es 35.

12. **La respuesta correcta es la (2). (Interpretación básica)** El agua corriente es una importante transportadora de sedimentos. La lluvia deposita pocos sedimentos y, a la larga, diluiría la concentracion de minerales, opción (5). El vulcanismo, opción (3); la acción del hombre, opción (4); y la erosión de las playas, opción (2), contribuirían en algún punto, pero no en forma tan sistemática como la erosión y los escurrimientos.

13. **La respuesta correcta es la (2). (Interpretación básica)** El agua corriente que es vertida en una bahía podría disminuir la salinidad. Los estuarios son ecosistemas que se basan en aguas salobres con salinidad reducida.

14. **La respuesta correcta es la (1). (Interpretación básica)** El color que se refleja a la vista determina el color que se percibe del objeto, que depende del color de la luz que cae sobre el mismo. La intensidad no determina el color y la luz no se transmite a través de objetos opacos.

15. **La respuesta correcta es la (3). (Interpretación básica)** El objeto rojo refleja principalmente luz roja. Dado que puede reflejar un poco de luz verde, puede verse levemente verde bajo una luz verde. Bajo iluminación de otros colores, no puede verse rojo, de modo que las opciones (4) y (5) son incorrectas. Las opciones (1) y (2) son incorrectas porque el material no puede cambiar el color de la luz de incidencia.

16. **La respuesta correcta es la (2). (Interpretación básica)** La luz azul debe reflejarse hacia el observador para que el objeto se vea azul. La luz blanca contiene luz azul, pero los demás colores no se requieren. La opción (1) es incorrecta porque los otros colores pueden estar presentes en la luz de iluminación.

17. **La respuesta correcta es la (4). (Conceptos y procesos unificadores)** Calentar el imán agrega energía térmica y golpearlo agrega energía mecánica. Ambas tienden a hacer aleatoria la orientación de los dominios. Girar el imán no le agrega energía.

18. **La respuesta correcta es la (2). (Interpretación básica)** Los principales consumidores son herbívoros, que comen plantas verdes, o productores.

19. **La respuesta correcta es la (3). (Interpretación básica)** Al ascender en la cadena alimenticia, cada nivel acumulará venenos no biodegradables en los tejidos. Esta acumulación se denomina magnificación biológica.

20. **La respuesta correcta es la (2). (Ciencia y tecnología)** El cariotipo revela tres cromosomas en el vigésimo primer par, producto de la no disyunción, un síntoma de la cual es el retraso mental.

21. **The correct answer is (2). (Fundamental understandings)** Plants use radiant energy to make sugars, which other organisms depend on for food. If there is sufficient water, the equator will have the most plants and, therefore, the greatest biodiversity.

22. **The correct answer is (1). (Science in social and personal perspective)** Restriction enzymes cut specific sequences in DNA and are used as chemical scissors.

23. **The correct answer is (4). (History and nature of science)** Franklin and Wilkins supplied the x-ray image of the cross section of the molecule. Hershey and Chase demonstrated that DNA is the genetic material. Meselson and Stahl found that DNA replication is semi-conservative. Cohen helped to develop a cloning technique. Stanley helped to discover viruses.

24. **The correct answer is (2). (Fundamental understandings)** The electrons are attracted to the protons in the nucleus by the electric force.

25. **The correct answer is (5). (Unifying concepts and processes)** Small particles are causing additional scattering, thereby enhancing the blue color. Since the air is no different in North Carolina and Virginia than it is elsewhere, some other small particles must be the cause.

26. **The correct answer is (3). (Fundamental understandings)** The force of gravity on the block does not depend on the angle of the incline. The block slides down more quickly at steeper angles because the incline's force on the block is smaller. This force balances part of the downward gravitational force.

27. **The correct answer is (2). (Fundamental understandings)** Fifty-one grams of ammonia is 3 moles of ammonia. (The number of moles is $14 + 1(3) = 17$ g/mole). The molecules combine in a 2:1 ratio, so 3 moles of ammonia require 1.5 moles of nitrogen. Since nitrogen is diatomic here, the number of grams in 1.5 moles is 14×1.5, or 42 g.

28. **The correct answer is (3). (Unifying concepts and processes)** Since the amount is given as a percentage, assume that the total number of grams is 100, which means one has 40 grams of carbon or 3.33 moles. One also has 6.67 moles of hydrogen and 3.33 moles of oxygen. The ratio becomes $C_{3.33}H_{6.67}O_{3.33}$, which reduces to CH_2O.

29. **The correct answer is (4). (Fundamental understandings)** No increase in shielding occurs, because electrons are added to the same outer energy levels and therefore do not shield one another.

30. **The correct answer is (1). (Fundamental understandings)** The (III) refers to the oxidation number assigned to iron. Since there are 2 atoms, the positive charge is 6. Oxygen usually carries an oxidation number of -2, so it would take 3 atoms to neutralize the positive charge.

21. **La respuesta correcta es la (2). (Interpretación básica)** Las plantas utilizan energía radiante para producir azúcares, de los cuales otros organismos dependen para alimentarse. Si hay agua suficiente, el ecuador tendrá la mayor cantidad de plantas y, por lo tanto, la mayor biodiversidad.

22. **La respuesta correcta es la (1). (Ciencia desde una perspectiva personal y social)** Las enzimas de restricción cortan secuencias específicas de ADN y se utilizan como tijeras químicas.

23. **La respuesta correcta es la (4). (Historia y naturaleza de la ciencia)** Franklin y Wilkins proporcionaron la imagen de rayos X del corte transversal de una molécula. Hershey y Chase demostraron que el ADN es el material genético. Meselson y Stahl descubrieron que la duplicación de ADN es semi-conservadora. Cohen ayudó a desarrollar una técnica de clonación. Stanley ayudó a descubrir viruses.

24. **La respuesta correcta es la (2). (Interpretación básica)** Los electrones se atraen a los protones del núcleo por la fuerza eléctrica.

25. **La respuesta correcta es la (5). (Conceptos y procesos unificadores)** Las partículas pequeñas están provocando una dispersión adicional, lo que hace que aumente el color azul. Dado que el aire es igual en Carolina del Norte y Virginia que en cualquier otro lugar, otras partículas pequeñas deben ser las causantes.

26. **La respuesta correcta es la (3). (Interpretación básica)** La fuerza de gravedad sobre el bloque no depende del ángulo de la pendiente. El bloque se desliza hacia abajo más rápido en ángulos más pronunciados dado que la fuerza de inclinación del bloque es menor. Esta fuerza equilibra parte de la fuerza gravitacional hacia abajo.

27. **La respuesta correcta es la (2). (Interpretación básica)** Cincuenta y un gramos de amoníaco equivalen a 3 moles de amoníaco. (La cantidad de moles es 14 + 1(3) = 17 g/mol). Las moléculas se combinan en una proporción de 2:1, de modo que 3 moles de amoníaco requieren 1.5 moles de nitrógeno. Dado que el nitrógeno aquí es diatómico, la cantidad de gramos en 1.5 moles es 14 × 1.5, o 42 g.

28. **La respuesta correcta es la (3). (Conceptos y procesos unificadores)** Dado que la cifra se da como porcentaje, suponga que la cantidad total de gramos es 100, lo que significa que uno tiene 40 gramos de carbono o 3.33 moles. Uno también tiene 6.67 moles de hidrógeno y 3.33 moles de oxígeno. La proporción se vuelve $C_{3.33}H_{6.67}O_{3.33}$, lo que se reduce a CH_2O.

29. **La respuesta correcta es la (4). (Interpretación básica)** No ocurre aumento en los escudos, dado que los electrones se agregan a los mismos niveles de energía exteriores y, por lo tanto, no se escudan unos a otros.

30. **La respuesta correcta es la (1). (Interpretación básica)** El (III) se refiere a la cantidad de oxidación asignada al hierro. Dado que hay 2 átomos, la carga positiva es 6. El oxígeno suele llevar un número de oxidación de −2, de modo que serán necesarios 3 átomos para neutralizar la carga positiva.

31. **The correct answer is (1). (Fundamental understandings)** According to the law of superposition, the bottom layer was formed first, and the other layers, which were deposited later, are progressively younger.

32. **The correct answer is (2). (Fundamental understandings)** Basalt, an igneous rock, crosses several layers diagonally, forcing its way through existing rock layers. Intrusions are younger than all layers they pass through.

33. **The correct answer is (4). (Unifying concepts and processes)** Granite is an intrusive igneous rock. Marble and schist are metamorphic, while chalk and conglomerate are sedimentary in origin. Only igneous rocks can form intrusions.

34. **The correct answer is (3). (Fundamental understandings)** The proportion of red is 20/50 or 0.4, and that of blue is 30/50 or 0.6. The chances of drawing a red from the male is 0.4, and the chance of drawing a blue from the female is 0.6. The probability of two simultaneous events is the product of their individual probabilities, or 0.24. However, one could also draw a blue from the male and a red from the female (another 0.24 probability), so that there are 2×0.24 or a 0.48 chance.

35. **The correct answer is (2). (Fundamental understandings)** The frequency of the blue allele is 0.6. Those that have two copies of the allele would be 0.6×0.6, or 36% of each population.

36. **The correct answer is (5). (Fundamental understandings)** Sporophytes produce spores and gametophytes produce gametes.

37. **The correct answer is (4). (Fundamental understandings)** Meiosis produces haploid spores, which germinate into haploid gametophytes, which produce haploid reproductive structures that become diploid with fertilization.

38. **The correct answer is (1). (Science in social and personal perspective)** Eating a high fiber diet reduces the amount of cholesterol in one's system, a major cause of arteriosclerosis.

39. **The correct answer is (2). (Fundamental understandings)** Protein digestion is completed in the small intestine, but begins in the stomach.

40. **The correct answer is (5). (Fundamental understandings)** Of the choices, the one with the greatest effect on stream erosion is slope, or incline, because water moves more rapidly on a steep slope. Elevation may sound correct, but change in elevation—slope—is the key. Water in a high elevation on flat terrain collects in a lake.

31. **La respuesta correcta es la (1). (Interpretación básica)** Según la Ley de Superposición, la capa inferior se formó primero y las otras capas, que se depositaron más adelante, son progresivamente más jóvenes.

32. **La respuesta correcta es la (2). (Interpretación básica)** El basalto, una roca ígnea, cruza varias capas en forma diagonal, atravesando capas de rocas existentes. Las intrusiones son más jóvenes que todas las capas que atraviesan.

33. **La respuesta correcta es la (4). (Conceptos y procesos unificadores)** El granito es una roca ígnea intrusiva. El mármol y el esquisto son metamórficos, mientras que la caliza y el conglomerado son de origen sedimentario. Solamente las rocas ígneas pueden formar intrusiones.

34. **La respuesta correcta es la (3). (Interpretación básica)** La proporción de rojo es 20/50 ó 0.4, y la del azul es 30/50 ó 0.6. La probabilidad de obtener un rojo del masculino es de 0.4, y la probabilidad de obtener un azul del femenino es de 0.6. La probabilidad de dos eventos simultáneos es el producto de sus probabilidades individuales, ó 0.24. Sin embargo, uno también podría obtener un azul del masculino y un rojo del femenino (otra probabilidad de 0.24), de modo que haya una probabilidad de 2×0.24 ó 0.48.

35. **La respuesta correcta es la (2). (Interpretación básica)** La frecuencia del alelo azul es 0.6. Aquellos que tienen dos copias del alelo serán 0.6×0.6, ó 36% de cada población.

36. **La respuesta correcta es la (5). (Interpretación básica)** Los esporófitos producen esporas y los gametófitos producen gametos.

37. **La respuesta correcta es la (4). (Interpretación básica)** La meiosis produce esporas haploides, que germinan en los gametófitos haploides, lo que produce estructuras reporductivas haploides que se convierten en diploides con la fertilización.

38. **La respuesta correcta es la (1). (Ciencia desde una perspectiva personal y social)** Seguir una dieta rica en fibra reduce la cantidad de colesterol del sistema, una de las principales causas de la arterioesclerosis.

39. **La respuesta correcta es la (2). (Interpretación básica)** La digestión de las proteínas se completa en el intestino delgado pero comienza en el estómago.

40. **La respuesta correcta es la (5). (Interpretación básica)** De las opciones, la que tiene el mayor efecto sobre la erosión de los arroyos es la pendiente o inclinación, dado que el agua se mueve con mayor rapidez por una pendiente pronunciada. La elevación puede sonar correcta, pero el cambio en la elevación —la pendiente— es la clave. El agua en una elevación alta en un terreno plano se acumula en un lago.

41. **The correct answer is (2). (Fundamental understandings)** Weather and life are found in the layer of the atmosphere closest to the earth's surface. The greatest temperature instability (promoting weather) and over 75% of the air mass (including oxygen) is found in the troposphere. The lithosphere, choice (5), the surface of the earth, contains life but not weather.

42. **The correct answer is (1). (Unifying concepts and processes)** The Pacific Ocean is the world's largest body of water, with strong winds that blow constantly. Waves have the opportunity to build across the entire span, reaching dozens of feet high.

43. **The correct answer is (2). (Fundamental understandings)** As the bottom of the wave is slowed, the crest continues to move forward at the original speed. Momentum carries the crest over, and the wave begins to break. Choice (1) is incorrect because a current may or may not be acting on a wave. Choice (3) is true but is not the result of slowing of the wave. Choices (4) and (5) are incorrect.

44. **The correct answer is (3). (History and nature of science)** It was significant that Avogadro came up with this idea before the ideal gas law was formulated.

45. **The correct answer is (2). (Fundamental understandings)** Since there are 6.02×10^{23} particles in a mole, and the number of particles are equal, the number of moles has to be the same.

46. **The correct answer is (4). (Fundamental understandings)** Since kinetic energy was not conserved from beginning to end, at least one of the collisions must have been inelastic, perhaps both. There is not enough information to conclude that both were inelastic. Momentum is always conserved and does not affect the answer.

47. **The correct answer is (2). (Fundamental understandings)** Ligaments connect bone to bone and tendons connect bone to muscle. B is the biceps muscle, and the femur is the thigh bone.

48. **The correct answer is (4). (Fundamental understandings)** The radius sits above the ulna and can rotate around it.

49. **The correct answer is (1). (Unifying concepts and processes)** Small populations can cause a change in gene frequency because they are more susceptible to changes.

50. **The correct answer is (5). (Fundamental understandings)** Homologous chromosomes cross over and exchange segments of DNA during the first stages of meiosis.

41. **La respuesta correcta es la (2). (interpretación básica)** La meteorización y la vida aparecen en la capa de la atmósfera más cercana a la superficie de la tierra. La mayor inestabilidad de temperatura (que promueve los cambios climáticos) y más del 75% de la masa de aire (incluyendo al oxígeno) están en la troposfera. La litosfera, opción (5), la superficie de la tierra, contiene vida pero no clima.

42. **La respuesta correcta es la (1). (Conceptos y procesos unificadores)** El Océano Pacífico es el cuerpo de agua más grande del mundo, con vientos fuertes que soplan constantemente. Las olas tienen la oportunidad de formarse y completar todo el ciclo, alcanzando docenas de pies de altura.

43. **La respuesta correcta es la (2). (Interpretación básica)** A medida que la parte inferior de la ola se hace más lenta, la cresta continua avanzando a la velocidad original. El momento eleva la cresta y la ola comienza a romperse. La opción (1) es incorrecta porque una corriente puede o no actuar como una ola. La opción (3) es verdadera pero no es el resultado de la disminución de velocidad de la ola. Las opciones (4) y (5) son incorrectas.

44. **La respuesta correcta es la (3). (Historia y naturaleza de la ciencia)** Fue importante que Avogadro tuviera esta idea antes de que se formulara la ley del gas ideal.

45. **La respuesta correcta es la (2). (Interpretación básica)** Dado que hay 6.02×10^{23} partículas en un mol, y la cantidad de partículas es idéntica, la cantidad de moles debe ser la misma.

46. **La respuesta correcta es la (4). (Interpretación básica)** Dado que la energía cinética no se conservó de principio a fin, al menos uno de los choques tiene que haber sido inelástico, quizá ambos. No hay información suficiente para concluir que ambos fueron inelásticos. El momento siempre se conserva y no afecta la respuesta.

47. **La respuesta correcta es la (2). (Interpretación básica)** Los ligamentos conectan los huesos con los huesos y los tendones conectan los huesos con los músculos. B son los músculos bíceps y el fémur es el hueso del muslo.

48. **La respuesta correcta es la (4). (Interpretación básica)** El radio está ubicado sobre el cúbito y puede girar alrededor de éste.

49. **La respuesta correcta es la (1). (Conceptos y procesos unificadores)** Las poblaciones pequeñas pueden producir un cambio en la frecuencia genética ya que son más susceptibles a los cambios.

50. **La respuesta correcta es la (5). (Interpretación básica)** Los cromosomas homólogos se cruzan e intercambian segmentos de ADN durante las primeras etapas de la meiosis.

SCIENCE PRACTICE TEST 1 ANALYSIS CHART

Use this table to determine your areas of strength and areas in which more work is needed before you go on to Practice Test 2. The numbers in the boxes refer to multiple-choice questions in the practice test.

Content Area	Fundamental understandings	Unifying concepts and processes	Science as inquiry	Science as technology	Science in personal and social perspective	History and nature of science
Chapter 2 Life Science	1, 2, 3, 7, 18, 19, 21, 34, 35, 36, 37, 39, 47, 48, 50	4, 5, 49		20	22, 38	23
Chapter 3 Earth and Space Science	12, 13, 31, 32, 40, 41, 43	25, 33, 42				
Chapter 4 Pysical Science	14, 15, 16, 17, 24, 26, 27, 29, 30, 45, 46	8, 9, 10, 28	6, 11			44

CUADRO DE ANÁLISIS DEL EXAMEN DE PRÁCTICA DE CIENCIA 1

Utilice esta tabla para determinar cuáles son sus áreas de fortaleza y cuáles las áreas en las que necesita trabajar antes de pasar al Examen de práctica 2. La cantidad de casillas hace referencia a las preguntas de opción múltiple del examen de práctica.

Área de contenidos	Interpretación básica	Conceptos y procesos unificadores	Ciencia como investigación	Ciencia como tecnología	Ciencia desde una perspectiva personal y social	Historia y naturaleza de la ciencia
Capítulo 2 Ciencias de la Vida	1, 2, 3, 7, 18, 19, 21, 34, 35, 36, 37, 39, 47, 48, 50	4, 5, 49		20	22, 38	23
Capítulo 3 Ciencias de la Tierra y el Espacio	12, 13, 31, 32, 40, 41, 43	25, 33, 42				
Capítulo 4 Ciencias Físicas	14, 15, 16, 17, 24, 26, 27, 29, 30, 45, 46	8, 9, 10, 28	6, 11			44

PRACTICE TEST 2

Answer Sheet

1 ① ② ③ ④ ⑤   6 ① ② ③ ④ ⑤   11 ① ② ③ ④ ⑤
2 ① ② ③ ④ ⑤   7 ① ② ③ ④ ⑤   12 ① ② ③ ④ ⑤
3 ① ② ③ ④ ⑤   8 ① ② ③ ④ ⑤   13 ① ② ③ ④ ⑤
4 ① ② ③ ④ ⑤   9 ① ② ③ ④ ⑤   14 ① ② ③ ④ ⑤
5 ① ② ③ ④ ⑤   10 ① ② ③ ④ ⑤   15 ① ② ③ ④ ⑤

16 ① ② ③ ④ ⑤   21 ① ② ③ ④ ⑤   26 ① ② ③ ④ ⑤
17 ① ② ③ ④ ⑤   22 ① ② ③ ④ ⑤   27 ① ② ③ ④ ⑤
18 ① ② ③ ④ ⑤   23 ① ② ③ ④ ⑤   28 ① ② ③ ④ ⑤
19 ① ② ③ ④ ⑤   24 ① ② ③ ④ ⑤   29 ① ② ③ ④ ⑤
20 ① ② ③ ④ ⑤   25 ① ② ③ ④ ⑤   30 ① ② ③ ④ ⑤

31 ① ② ③ ④ ⑤   36 ① ② ③ ④ ⑤   41 ① ② ③ ④ ⑤
32 ① ② ③ ④ ⑤   37 ① ② ③ ④ ⑤   42 ① ② ③ ④ ⑤
33 ① ② ③ ④ ⑤   38 ① ② ③ ④ ⑤   43 ① ② ③ ④ ⑤
34 ① ② ③ ④ ⑤   39 ① ② ③ ④ ⑤   44 ① ② ③ ④ ⑤
35 ① ② ③ ④ ⑤   40 ① ② ③ ④ ⑤   45 ① ② ③ ④ ⑤

46 ① ② ③ ④ ⑤
47 ① ② ③ ④ ⑤
48 ① ② ③ ④ ⑤
49 ① ② ③ ④ ⑤
50 ① ② ③ ④ ⑤

EXAMEN DE PRÁCTICA 2

Hoja de respuestas

1 ① ② ③ ④ ⑤	6 ① ② ③ ④ ⑤	11 ① ② ③ ④ ⑤
2 ① ② ③ ④ ⑤	7 ① ② ③ ④ ⑤	12 ① ② ③ ④ ⑤
3 ① ② ③ ④ ⑤	8 ① ② ③ ④ ⑤	13 ① ② ③ ④ ⑤
4 ① ② ③ ④ ⑤	9 ① ② ③ ④ ⑤	14 ① ② ③ ④ ⑤
5 ① ② ③ ④ ⑤	10 ① ② ③ ④ ⑤	15 ① ② ③ ④ ⑤
16 ① ② ③ ④ ⑤	21 ① ② ③ ④ ⑤	26 ① ② ③ ④ ⑤
17 ① ② ③ ④ ⑤	22 ① ② ③ ④ ⑤	27 ① ② ③ ④ ⑤
18 ① ② ③ ④ ⑤	23 ① ② ③ ④ ⑤	28 ① ② ③ ④ ⑤
19 ① ② ③ ④ ⑤	24 ① ② ③ ④ ⑤	29 ① ② ③ ④ ⑤
20 ① ② ③ ④ ⑤	25 ① ② ③ ④ ⑤	30 ① ② ③ ④ ⑤
31 ① ② ③ ④ ⑤	36 ① ② ③ ④ ⑤	41 ① ② ③ ④ ⑤
32 ① ② ③ ④ ⑤	37 ① ② ③ ④ ⑤	42 ① ② ③ ④ ⑤
33 ① ② ③ ④ ⑤	38 ① ② ③ ④ ⑤	43 ① ② ③ ④ ⑤
34 ① ② ③ ④ ⑤	39 ① ② ③ ④ ⑤	44 ① ② ③ ④ ⑤
35 ① ② ③ ④ ⑤	40 ① ② ③ ④ ⑤	45 ① ② ③ ④ ⑤

46 ① ② ③ ④ ⑤

47 ① ② ③ ④ ⑤

48 ① ② ③ ④ ⑤

49 ① ② ③ ④ ⑤

50 ① ② ③ ④ ⑤

Practice Test 2

Directions: Choose the <u>one best answer</u> for each item.

Items 1–6 refer to the following information and illustration.

The central dogma of modern biology states that DNA is transcribed into RNA, which is translated into protein. The diagram above is a model that explains, in part, how that process works.

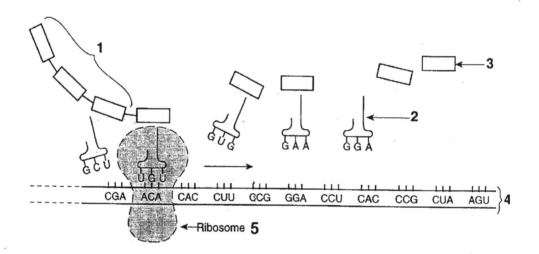

1. Which of the following numbers represents tRNA (transfer RNA)?

    (1)   1

    (2)   2

    (3)   3

    (4)   4

    (5)   None of the above

Examen de práctica 2

Instrucciones: Seleccione la <u>mejor respuesta</u> a cada pregunta.

Las preguntas 1 a 6 se basan en la información e ilustración siguientes.

El dogma central de la biología moderna establece que el ADN se transcribe en ARN, que a su vez se transcribe en proteína. El diagrama anterior es un modelo que explica, en parte, cómo funciona dicho proceso.

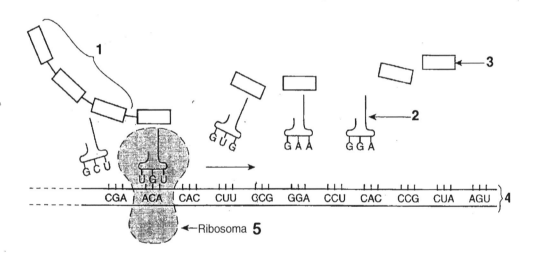

1. ¿Cuál de los siguientes números representa al ARNt (ARN de transferencia)?

    (1)   1

    (2)   2

    (3)   3

    (4)   4

    (5)   Ninguna de las anteriores.

2. Which of the following numbers represents mRNA (messenger RNA)?

    (1)   1
    (2)   2
    (3)   3
    (4)   4
    (5)   None of the above

3. Which of the following structures represents an amino acid?

    (1)   1
    (2)   2
    (3)   3
    (4)   4
    (5)   None of the above

4. Which of the following represents DNA?

    (1)   1
    (2)   2
    (3)   3
    (4)   4
    (5)   None of the above

5. The anticodon is most closely associated with which number?

    (1)   1
    (2)   2
    (3)   3
    (4)   4
    (5)   None of the above

6. If the protein being made was for secretion, the event is most likely taking place

    (1)   in the nucleus.
    (2)   on the rough endoplasmic reticulum.
    (3)   in the cytoplasm.
    (4)   either in the nucleus or the cytoplasm.
    (5)   either on the rough endoplasmic reticulum or in the cytoplasm.

2. ¿Cuál de los siguientes números representa al ARNm (ARN mensajero)?

    (1)   1

    (2)   2

    (3)   3

    (4)   4

    (5)   Ninguna de las anteriores.

3. ¿Cuál de las siguientes estructuras representa a un aminoácido?

    (1)   1

    (2)   2

    (3)   3

    (4)   4

    (5)   Ninguna de las anteriores.

4. ¿Cuál representa al ADN?

    (1)   1

    (2)   2

    (3)   3

    (4)   4

    (5)   Ninguna de las anteriores.

5. ¿Con qué número está más relacionado el anticodón?

    (1)   1

    (2)   2

    (3)   3

    (4)   4

    (5)   Ninguna de las anteriores.

6. Si la proteína en formación es para secreción, es más probable que el proceso se produzca

    (1)   en el núcleo.

    (2)   en el retículo endoplásmico rugoso.

    (3)   en el citoplasma.

    (4)   en el núcleo o en el citoplasma.

    (5)   en el retículo endoplásmico rugoso o en el citoplasma.

Items 7–9 refer to the following equation.

$$H_2O + CO_2 = H_2CO_3$$

7. In the above equation, how many molecules of water react to form carbonic acid?
   - (1) 1
   - (2) 2
   - (3) 3
   - (4) 6
   - (5) 12

8. How many atoms of oxygen are participating in the reaction?
   - (1) 1
   - (2) 2
   - (3) 3
   - (4) 6
   - (5) 12

9. How many grams of water would be required to combine with 44 grams of carbon dioxide?
   - (1) 6
   - (2) 12
   - (3) 18
   - (4) 44
   - (5) 62

Items 10–12 refer to the following passage.

Desertification is a process by which formerly fertile land is transformed by drought, climatic change, and human development. One classic example of desertification occurred in the U.S. Midwest during the Great Depression. At that time, a severe drought hit the Midwest. Farmers lacked resources to plant and irrigate their properties, and massive crop failures resulted. Land that was formerly cultivated went without crops, and the prairie winds blew away much of the rich topsoil. Many years passed before the affected farms were productive again.

10. According to the passage, which agent of erosion is primarily responsible for desertification?
    - (1) Flooding
    - (2) Gravity
    - (3) Wind
    - (4) Glaciers
    - (5) Drought

Las preguntas 7 a 9 se basan en la siguiente ecuación.

$$H_2O + CO_2 = H_2CO_3$$

7. En la ecuación anterior, ¿cuántas moléculas de agua reaccionan para formar ácido carbónico?

    (1)   1

    (2)   2

    (3)   3

    (4)   6

    (5)   12

8. ¿Cuántos átomos de oxígeno participan en la reacción?

    (1)   1

    (2)   2

    (3)   3

    (4)   6

    (5)   12

9. ¿Cuántos gramos de agua se necesitarían para combinarse con 44 gramos de dióxido de carbono?

    (1)   6

    (2)   12

    (3)   18

    (4)   44

    (5)   62

Las preguntas 10 a 12 se basan en la siguiente información.

La desertificación es un proceso por el cual la tierra fértil experimenta una transformación ocasionada por sequías, cambios climáticos y el desarrollo humano. Un ejemplo clásico de desertificación ocurrió en la región central de los Estados Unidos durante la Gran Depresión. En esos años, una gran sequía azotó a la región. Los granjeros no tenían los recursos necesarios para plantar e irrigar sus cultivos, por lo que hubo una pérdida masiva de las cosechas. De la tierra que antes había estado cultivada no se pudo obtener nada y los vientos de la pradera se llevaron gran parte de la capa superior del suelo, muy rica en nutrientes. Tuvieron que pasar muchos años para que los campos afectados volvieran a ser productivos.

10. De acuerdo con la información, ¿cuál es el principal agente erosivo responsable de la desertificación?

    (1)   Las inundaciones.

    (2)   La gravedad.

    (3)   El viento.

    (4)   Los glaciares.

    (5)   La sequía.

11. Which of the following factors was least relevant to the formation of the Midwest dust bowls during the Great Depression?

    (1)   A coincidental drought

    (2)   No money for crop planting

    (3)   Lack of irrigation water

    (4)   High winds over the plains

    (5)   Especially dense subsoil composition

12. Which of the following actions would be least likely to assist in the recovery of the land mentioned in the passage?

    (1)   Replace topsoil

    (2)   Add nutrients to soil

    (3)   Plant vegetation to hold soil

    (4)   Harvest planted crops

    (5)   Irrigate land to minimize drought effects

Items 13–15 refer to the following information and illustration.

The graph below shows the absorption of optical fiber used to carry data and voice in telecommunications networks. Fibers with less absorption are desired because they can carry signals farther before they need to be amplified. The distance between amplifiers is inversely proportional to the absorption coefficient, which means that if the absorption is doubled, the distance is halved. While lower-absorption fiber is generally more expensive, the higher cost of the fiber is more than compensated for by the lower total cost of amplifiers.

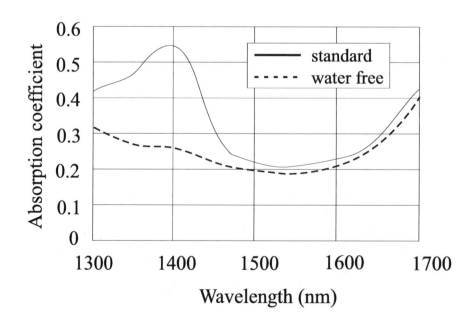

11. ¿Cual de los siguientes factores fue el menos relevante para la formación de hondonadas de tierra seca en la región central de los Estados Unidos durante la Gran Depresión?

    (1)   Una sequía casual.

    (2)   Falta de dinero para la plantación de cultivos.

    (3)   Falta de agua para irrigación.

    (4)   Vientos fuertes sobre las planicies.

    (5)   Composición particularmente densa del subsuelo.

12. ¿Cual de las siguientes acciones ayudaría menos a la recuperación de la tierra mencionada en el párrafo anterior?

    (1)   Reemplazar la capa superior del suelo.

    (2)   Agregar nutrientes al suelo.

    (3)   Plantar vegetación para que sostenga el suelo.

    (4)   Cosechar cultivos plantados.

    (5)   Irrigar la tierra para minimizar los efectos de la sequía.

Las preguntas 13 a 15 se basan en la información e ilustración siguientes.

El gráfico que aparece a continuación muestra la absorción de la fibra óptica que se utiliza para transmitir datos y voz en las redes de telecomunicaciones. Se prefieren las fibras con menos absorción puesto que pueden transportar señales a mayor distancia antes de que se necesite amplificarlas. La distancia entre los amplificadores es inversamente proporcional al coeficiente de absorción, lo cual significa que si se duplica la absorción, la distancia se reduce a la mitad. La fibra de menor absorción suele ser más costosa, pero al reducirse el costo total de los amplificadores el costo más alto de la fibra se compensa ampliamente.

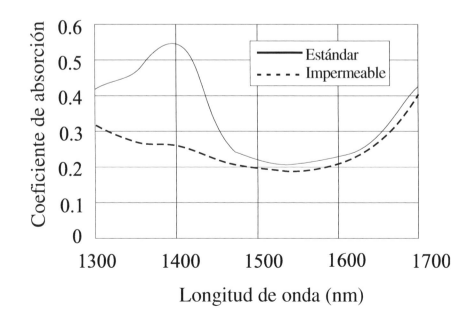

13. Why is the absorption important in optical communication?

    (1)   Data is lost when light is absorbed in the fiber.

    (2)   More data can be sent down a fiber with less absorption.

    (3)   Data can be sent over longer distances with less absorption.

    (4)   Absorption determines the spacing of optical amplifiers.

    (5)   Low-absorption fiber is more expensive.

14. For a communications system operating at 1,400 nm with 20 amplifiers using standard fiber, how many amplifiers can be saved by converting to water-free fiber?

    (1)   None

    (2)   5

    (3)   10

    (4)   15

    (5)   20

15. The owner of an optical link that uses standard fiber at 1,310 nm is considering upgrading the link. Which change would result in the greatest savings in the number of amplifiers?

    (1)   Change the wavelength to 1,550 nm.

    (2)   Install water-free fiber.

    (3)   Install water-free fiber and change the wavelength to 1,400 nm.

    (4)   Install water-free fiber and change the wavelength to 1,550 nm.

    (5)   None of the above changes would save amplifiers.

16. Newton's Third Law of Motion states that every action has an equal and opposite reaction. This means that if one object exerts a force in one direction on a second object, the second exerts an equal force on the first, but in the opposite direction. Airplanes in level flight do not fall to Earth. How can Newton's Third Law of Motion be used to explain this?

    (1)   The engine pushes the airplane up, while the air pushes the airplane down.

    (2)   The airplane pushes air down, while air pushes the airplane up.

    (3)   The engine pushes the airplane forward to generate lift.

    (4)   The shape of the wing generates lift.

    (5)   The airplane is moving so fast that it cannot fall.

13. ¿Por qué es importante la absorción en las comunicaciones ópticas?

    (1)   Cuando la fibra absorbe luz se pierden datos.

    (2)   Con una fibra de menor absorción se pueden enviar más datos.

    (3)   Con una menor absorción, los datos pueden recorrer distancias más largas.

    (4)   La absorción determina la distancia entre amplificadores ópticos.

    (5)   La fibra de menor absorción es más costosa.

14. En un sistema de comunicaciones que opera en 1,400 nm con 20 amplificadores y utiliza fibra estándar, ¿cuántos amplificadores se ahorrarían si cambiaran la fibra por una impermeable?

    (1)   Ninguno.

    (2)   5

    (3)   10

    (4)   15

    (5)   20

15. El propietario de un enlace óptico que utiliza fibra estándar en 1,310 nm está pensando en mejorar el enlace. ¿Cual de los siguientes cambios le ayudaría a ahorrar más en amplificadores?

    (1)   Cambiar la longitud de onda a 1,550 nm.

    (2)   Instalar fibra impermeable.

    (3)   Instalar fibra impermeable y cambiar la longitud de onda a 1,400 nm.

    (4)   Instalar fibra impermeable y cambiar la longitud de onda a 1,550 nm.

    (5)   Ninguno de las cambios anteriores le haría ahorrar en amplificadores.

16. La Tercera Ley de Movimiento de Newton establece que cada acción tiene una reacción igual opuesta. Esto significa que si un objeto ejerce una fuerza en una dirección determinada sobre un segundo objeto, el segundo ejercerá una fuerza igual sobre el primero, pero en la dirección opuesta. Los aviones que vuelan sin variar la altura no caen a la Tierra. ¿Cómo se puede aplicar la Tercera Ley de Movimiento de Newton para explicar esto?

    (1)   El motor empuja el avión hacia arriba, mientras que el aire empuja el avión hacia abajo.

    (2)   El avión empuja el aire hacia abajo, mientras que el aire empuja el avión hacia arriba.

    (3)   El motor empuja el avión hacia adelante para elevarse.

    (4)   La forma de las alas permite la elevación.

    (5)   El avión se mueve a tanta velocidad que no puede caer.

17. In Newtonian physics, energy can neither be created nor destroyed, only transformed. This is the principle of conservation of energy. When a match is struck, a flame is produced and heat is released. Energy appears to have been created. How is this reconciled with conservation of energy?

    (1)   Heat is not a form of energy.

    (2)   Heat is produced from friction as the match is struck.

    (3)   Heat stored in the match is released by friction.

    (4)   Nuclear energy stored in the match is released by friction as the match is struck.

    (5)   Chemical energy stored in the match is released by friction as the match is struck.

Items 18–20 refer to the following information and illustration.

Scientists use formulas and models to help them visualize molecules.

18. Which of the drawings represents glucose?

    (1)   A

    (2)   B

    (3)   C

    (4)   D

    (5)   E

17. En la física Newtoniana, la energía no puede crearse ni destruirse, sólo transformarse. Éste es el principio de conservación de la energía. Cuando se enciende un fósforo, se produce una llama y se libera calor. Pareciera como si se hubiese creado energía. ¿Cómo se explica esto en base a la conservación de la energía?

(1) El calor no es una forma de energía.

(2) El calor se produce con la fricción al encender el fósforo.

(3) El calor almacenado en el fósforo se libera con la fricción.

(4) La energía nuclear almacenada en el fósforo se libera con la fricción cuando se enciende el fósforo.

(5) La energía química almacenada en el fósforo se libera con la fricción cuando se enciende el fósforo.

Las preguntas 18 a 20 se basan en la información e ilustración siguientes.

Los científicos utilizan fórmulas y modelos que les ayudan a visualizar las moléculas.

18. ¿Qué dibujo representa a la glucosa?

(1) A

(2) B

(3) C

(4) D

(5) E

19. Which of the drawings represents an amino acid?

    (1)   A

    (2)   B

    (3)   C

    (4)   D

    (5)   E

20. Which of the following represents a saturated fatty acid?

    (1)   A

    (2)   B

    (3)   F

    (4)   D

    (5)   E

Items 21–23 refer to the following information.

Stuart wanted to know what types of music would help his plants grow best. He obtained 10 bean seeds, planted each in a quart container of commercial potting mix, and placed them around his living room. For 10 hours each day he would play one of four different types of music: classical, jazz, rap, or pop. At the end of each day he would weigh the plants and see how much mass they had gained that day.

21. What was Stuart's biggest mistake in his experimental design?

    (1)   He didn't use enough beans.

    (2)   He placed the beans in different areas of his living room.

    (3)   He switched music too often.

    (4)   His balance scale wasn't tested when he began.

    (5)   He can't tell how much a plant grows by weighing it.

22. What is the dependent variable in this experiment?

    (1)   The amount of sunlight

    (2)   The types of music

    (3)   The types of beans

    (4)   The mass of the plants

    (5)   The number of bean seeds

23. What is the independent variable in this experiment?

    (1)   The amount of sunlight

    (2)   The types of music

    (3)   The types of beans

    (4)   The mass of the plants

    (5)   The number of bean seeds

19. ¿Qué dibujo representa a un aminoácido?

    (1)   A

    (2)   B

    (3)   C

    (4)   D

    (5)   E

20. ¿Qué dibujo representa a un ácido graso saturado?

    (1)   A

    (2)   B

    (3)   F

    (4)   D

    (5)   E

Las preguntas 21 a 23 se basan en la siguiente información.

Stuart quiso averiguar qué tipos de música podrían ayudar en el crecimiento de sus plantas. Consiguió 10 semillas de frijol, las sembró en recipientes diferentes de un cuarto de galón cada uno con mezcla de abono comprado y colocó los recipientes en distintas partes de la sala de su casa. Todos los días, durante 10 horas, les tocaba uno de cuatro tipos de música: clásica, jazz, rap o pop. Al final de cada día pesaba cada planta y se fijaba cuánta masa habían ganado ese día.

21. ¿Cuál fue el mayor error del diseño experimental de Stuart?

    (1)   La cantidad de frijoles no era suficiente.

    (2)   Colocó los frijoles en diferentes áreas de su sala.

    (3)   Cambió de música con demasiada frecuencia.

    (4)   No probó su balanza antes de comenzar.

    (5)   No puede determinar el crecimiento de una planta pesándola.

22. ¿Cuál es la variable dependiente de este experimento?

    (1)   La cantidad de luz solar.

    (2)   Los tipos de música.

    (3)   Los tipos de frijol.

    (4)   La masa de las plantas.

    (5)   La cantidad de semillas de frijol.

23. ¿Cuál es la variable independiente de este experimento?

    (1)   La cantidad de luz solar.

    (2)   Los tipos de música.

    (3)   Los tipos de frijol.

    (4)   La masa de las plantas.

    (5)   La cantidad de semillas de frijol.

24. Advances in science often depend on advances in technology. Which of the following technological advancements helped the advancement of science?

    (1)   Biological stains

    (2)   The microscope

    (3)   The computer

    (4)   Gel electrophoresis

    (5)   All of the above

25. A block is pushed by a constant force, at constant velocity, on a horizontal surface with friction. In this process

    (1)   mechanical energy is converted to electrical energy.

    (2)   mechanical energy is converted to heat.

    (3)   mechanical energy is conserved.

    (4)   heat is transferred from the block to the surface.

    (5)   no work is done on the block.

26. The graph below shows the orbital period, as a function of radius, for a satellite orbiting the earth.

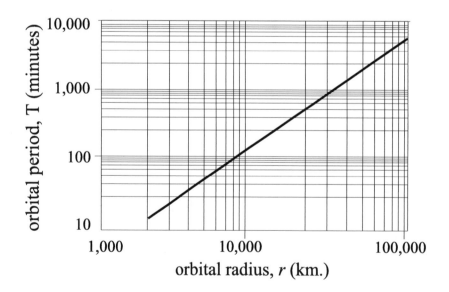

    If the satellite is to orbit the earth once every 2 hours, what should the radius of the orbit be?

    (1)   2,000 m

    (2)   8,000 m

    (3)   2,000 km

    (4)   8,000 km

    (5)   20,000 km

24. Los avances de la ciencia a menudo dependen del desarrollo de la tecnología. ¿Cuál de los siguientes descubrimientos tecnológicos permitió el avance de la ciencia?

    (1) La tinción en la biología.

    (2) El microscopio.

    (3) La computadora.

    (4) La electroforesis en gel.

    (5) Todas las anteriores.

25. Un bloque recibe el empuje de una fuerza constante, a velocidad constante, sobre una superficie horizontal y sin fricción. En este proceso

    (1) la energía mecánica se convierte en energía eléctrica.

    (2) la energía mecánica se convierte en calor.

    (3) la energía mecánica se conserva.

    (4) el calor se transmite del bloque a la superficie.

    (5) no se realiza ningún trabajo sobre el bloque.

26. La siguiente gráfica muestra el período orbital, en función del radio, de un satélite que gira alrededor de la tierra.

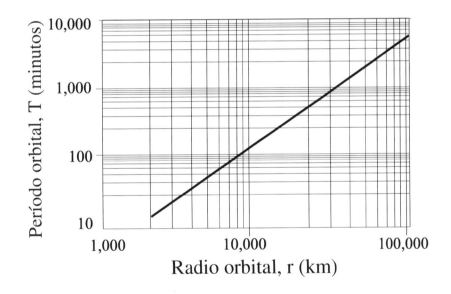

Si el satélite describe una órbita alrededor de la Tierra cada 2 horas, ¿cuál es el radio de la órbita?

    (1) 2,000 m

    (2) 8,000 m

    (3) 2,000 km

    (4) 8,000 km

    (5) 20,000 km

27. The Principle of Archimedes states that buoyant force is equal to the weight of water displaced. This means that a floating object pushes up an amount of water weighing the same as the object. The drawing below shows a glass filled to the brim with ice and water. Since ice is about 9% less dense than water, it floats. Under what conditions will the water overflow the glass after all the ice melts?

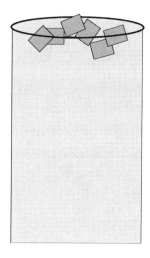

   (1)   The water will never overflow the glass.

   (2)   The water will overflow as soon as any ice melts.

   (3)   The water will overflow if there is more than 9% ice.

   (4)   The water will overflow if there is more than 18% ice.

   (5)   The water will overflow if there is more than 91% ice.

28. Objects in free fall experience constant acceleration. This means that their velocity is

   (1)   highest at the beginning of the fall.

   (2)   highest in the middle of the fall.

   (3)   highest at the end of the fall.

   (4)   constant throughout the fall.

   (5)   constant until they hit the ground.

29. Water boils at 212° F and freezes at 32° F. Water boils at 100° C and freezes at 0° C. If someone raised the temperature of water 20° F, how many degrees C would that person be raising it?

   (1)   About 4

   (2)   About 11

   (3)   About 21

   (4)   About 36

   (5)   About 43

27. El principio de Arquímedes establece que la fuerza de flotación es igual al peso del agua desplazada. Esto significa que un objeto flotante empuja hacia arriba una cantidad de agua que pesa lo mismo que el objeto. El siguiente dibujo muestra un vaso con hielo y agua, lleno hasta el borde. Como el hielo es alrededor de un 9% menos denso que el agua, flota. ¿En qué condiciones el agua desbordará del vaso después de que todo el hielo se derrita?

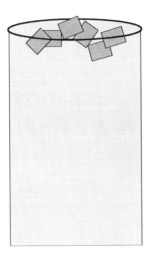

(1)   El agua nunca desbordará el vaso.

(2)   El agua desbordará apenas empiece a derretirse el hielo.

(3)   El agua desbordará si hay más de un 9% de hielo.

(4)   El agua desbordará si hay más de un 18% de hielo.

(5)   El agua desbordará si hay más de un 91% de hielo.

28. Los objetos en caída libre experimentan una aceleración constante. Esto significa que su velocidad es

(1)   mayor al comenzar la caída.

(2)   mayor a la mitad de la caída.

(3)   mayor hacia el final de la caída.

(4)   constante durante toda la caída.

(5)   constante hasta que cae al piso.

29. El agua hierve a 212° F y se congela a 32° F. El agua hierve a 100° C y se congela a 0° C. Si se eleva la temperatura del agua 20° F, ¿cuántos grados C se la está subiendo?

(1)   Alrededor de 4.

(2)   Alrededor de 11.

(3)   Alrededor de 21.

(4)   Alrededor de 36.

(5)   Alrededor de 43.

Item 30 refers to the following graph.

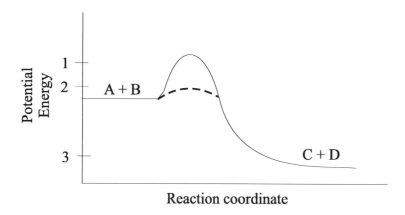

30. Which of the following statements is supported by the graph?

  (1)   Products C and D are higher-energy compounds than reactants A and B.

  (2)   Products C and D are lower-energy compounds than reactants A and B.

  (3)   One can form twice as much C and D by doubling the temperature.

  (4)   It takes about 5 minutes for A and B to be converted to C and D at 50° F.

  (5)   A and B are gases, but C and D are liquids.

Items 31–33 refer to the following diagram.

Aquifers are an important source of water in the United States. The following figure shows the structure of a section of an aquifer.

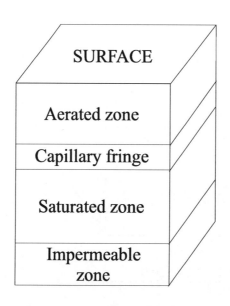

La pregunta 30 se basa en la siguiente gráfica.

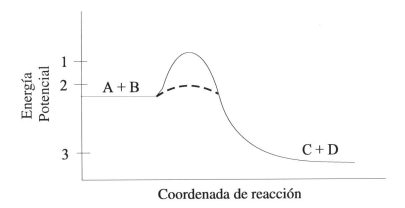

Coordenada de reacción

30. ¿Cuál de los siguientes enunciados se basa en la gráfica?

    (1)   Los productos C y D son compuestos de mayor energía que los
           reactantes A y B.

    (2)   Los productos C y D son compuestos de menor energía que los
           reactantes A y B.

    (3)   Se puede formar el doble de C y D duplicando la temperatura.

    (4)   Se necesitan 5 minutos para que A y B se conviertan en
           C y D a 50° F.

    (5)   A y B son gases, pero C y D son líquidos.

Las preguntas 31 a 33 se basan en el siguiente diagrama.

   Los acuíferos son una importante fuente de agua en los Estados Unidos. La
siguiente figura muestra un corte trasversal de la estructura de un acuífero.

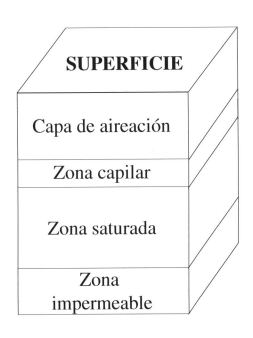

31. What is the zone of maximum penetration of the water?

    (1)   Aerated zone

    (2)   Capillary zone

    (3)   Saturated zone

    (4)   Impermeable zone

    (5)   Water would only sit on the surface.

32. Which of the following rock types is most likely to be found in the saturation zone?

    (1)   Granite

    (2)   Gneiss

    (3)   Sandstone

    (4)   Basalt

    (5)   Shale

33. If one were to drill a well into the ground at the section illustrated above, to what level would you have to drill to guarantee a productive well?

    (1)   Into the impermeable zone

    (2)   Into the capillary zone

    (3)   To the top of the saturation zone

    (4)   To the bottom of the saturation zone

    (5)   Any well deeper than 30 feet would be productive

Items 34–36 refer to the following information.

In the human population in America there is a genetic condition known as sickle-cell anemia. This genetic disease is the result of an individual inheriting two recessive alleles, causing his or her red blood cells to become sickle-shaped under some conditions. Individuals who have one normal allele and one sickle allele are said to have the sickle-cell trait, which does not cause them pain or discomfort. The number of people in the United States with sickle-cell anemia is 4 in 10,000.

34. What is the gene frequency for the sickle-cell allele in the U.S. population?

    (1)   0.0004

    (2)   0.004

    (3)   0.04

    (4)   0.0002

    (5)   0.02

31. ¿Cuál es la zona de penetración máxima del agua?

    (1)   La capa de aireación.

    (2)   La zona capilar.

    (3)   La zona saturada.

    (4)   La zona impermeable.

    (5)   El agua no pasa de la superficie.

32. ¿Cuál de los siguientes tipos de roca es más probable que se encuentre en la zona de saturación?

    (1)   Granito.

    (2)   Gneis.

    (3)   Arenisca.

    (4)   Basalto.

    (5)   Esquisto.

33. Si se perforara el suelo y se hiciera un pozo en la sección de la ilustración anterior, ¿hasta qué nivel habría que perforar para garantizar la productividad del pozo?

    (1)   Hasta la zona impermeable.

    (2)   Hasta la zona capilar.

    (3)   Hasta la parte superior de la zona de saturación.

    (4)   Hasta la parte inferior de la zona de saturación.

    (5)   Cualquier pozo de más de 30 pies sería productivo.

Las preguntas 34 a 36 se basan en la siguiente información.

En la población humana de América existe una afección genética denominada anemia falciforme. Esta enfermedad genética se produce cuando un individuo hereda dos alelos recesivos, lo cual hace que sus glóbulos rojos, bajo ciertas condiciones, adopten la forma de una hoz. Se dice que los individuos que tienen un alelo normal y un alelo falciforme poseen el rasgo falciforme, el cual no ocasiona dolor ni molestias. La proporción de personas con anemia falciforme en los Estados Unidos es de 4 en 10,000.

34. ¿Cuál es la frecuencia del gen para el alelo falciforme en la población de los Estados Unidos?

    (1)   0.0004

    (2)   0.004

    (3)   0.04

    (4)   0.0002

    (5)   0.02

35. What percentage of the people in the population cannot pass on the sickle-cell allele?
    (1)   96%
    (2)   48%
    (3)   4%
    (4)   52%
    (5)   None of the above

36. What percentage of the population has the sickle-cell trait?
    (1)   7.68%
    (2)   3.92%
    (3)   15.36%
    (4)   0.768%
    (5)   0.392%

Item 37 refers to the following illustration.

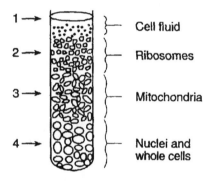

37. In the drawing above, the organelles were separated by
    (1)   gel electrophoresis.
    (2)   protein electrophoresis.
    (3)   ultracentrifugation.
    (4)   their polarity.
    (5)   their charge.

38. Charles Darwin is credited most justifiably with which of the following ideas?
    (1)   The theory of evolution
    (2)   The theory of natural selection
    (3)   The theory of kin selection
    (4)   The theory of punctuated equilibrium
    (5)   Gradualism

35. ¿Qué porcentaje de la población no puede trasmitir el alelo falciforme?

    (1)   96%

    (2)   48%

    (3)   4%

    (4)   52%

    (5)   Ninguna de las anteriores.

36. ¿Qué porcentaje de la población posee el rasgo falciforme?

    (1)   7.68%

    (2)   3.92%

    (3)   15.36%

    (4)   0.768%

    (5)   0.392%

La pregunta 37 se basa en la siguiente ilustración.

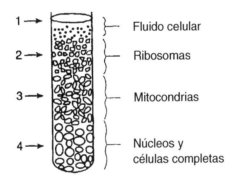

37. En el siguiente dibujo, los organelos se separaron por

    (1)   electroforesis en gel.

    (2)   electroforesis de proteínas.

    (3)   ultracentrifugación.

    (4)   su polaridad.

    (5)   su carga.

38. ¿Qué idea se le suele atribuir justificadamente a Charles Darwin?

    (1)   La teoría de la evolución.

    (2)   La teoría de la selección natural.

    (3)   La teoría de la selección por parentesco.

    (4)   La teoría del equilibrio puntuado.

    (5)   Gradualismo.

Items 39 and 40 refer to the following illustration.

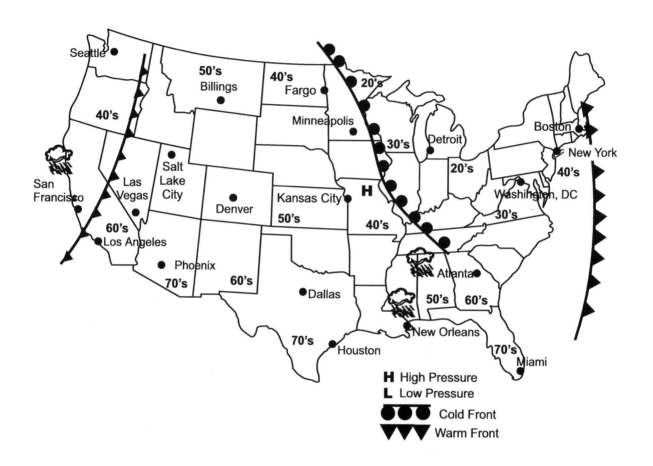

39. According to the illustrated weather map, in which city is it raining?

    (1) Miami

    (2) Dallas

    (3) Minneapolis

    (4) Las Vegas

    (5) San Francisco

40. The movement of fronts across the United States is generally from west to east. The local forecast in one city on the map is for clearing skies and colder temperatures in the 20s. Which of the following cities is this forecast for?

    (1) Washington

    (2) Atlanta

    (3) Denver

    (4) Los Angeles

    (5) Houston

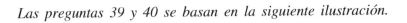

Las preguntas 39 y 40 se basan en la siguiente ilustración.

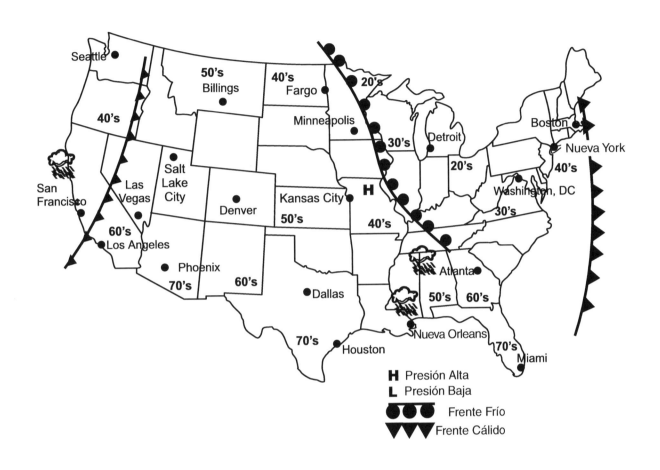

39. De acuerdo con el mapa meteorológico, ¿en qué ciudad está lloviendo?

    (1)   Miami.

    (2)   Dallas.

    (3)   Minneapolis.

    (4)   Las Vegas.

    (5)   San Francisco.

40. El movimiento de frentes por los Estados Unidos suele ser de oeste a este. El pronóstico local para una de las ciudades del mapa es: disminución de la nubosidad y descenso de la temperatura, la cual rondará en los 20 grados. ¿A qué ciudad corresponde este pronóstico?

    (1)   Washington.

    (2)   Atlanta.

    (3)   Denver.

    (4)   Los Ángeles.

    (5)   Houston.

41. Which of the following is evidence that the earth's crust has undergone great changes during its history?
    (1)   The constant pounding of ocean waves on the coastlines
    (2)   The occurrence of a large number of earthquakes each year
    (3)   The continued flow of vast amounts of river water into the sea
    (4)   The presence of marine fossils in rock making up high mountains
    (5)   The presence of glaciers in mountain valleys

42. The gas that scientists believe is most responsible for global warming is
    (1)   carbon dioxide.
    (2)   ozone.
    (3)   nitrous oxide.
    (4)   methane.
    (5)   argon.

Items 43–45 refer to the following illustration.

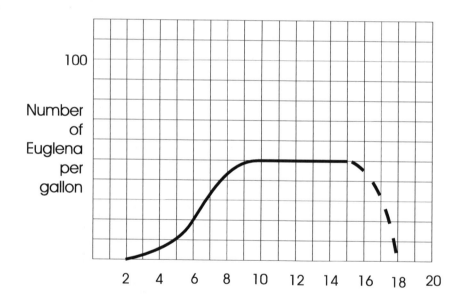

43. According to the graph, the carrying capacity for Euglena in that environment was
    (1)   50 Euglena per gallon.
    (2)   12.5 days.
    (3)   16 days.
    (4)   100 Euglena per gallon.
    (5)   none of the above.

41. ¿Qué enunciado evidencia que la corteza de la Tierra ha experimentado grandes cambios a lo largo de la historia?

    (1)   El embate permanente de las olas de los océanos contra las costas.

    (2)   La gran cantidad de terremotos que se producen por año.

    (3)   El flujo continuo de vastas cantidades de agua dulce hacia el mar.

    (4)   La presencia de fósiles marinos en rocas que forman grandes montañas.

    (5)   La presencia de glaciares en valles de montaña.

42. Los científicos creen que el gas que más influye en el calentamiento global es

    (1)   el dióxido de carbono.

    (2)   el ozono.

    (3)   el óxido nitroso.

    (4)   el metano.

    (5)   el argón.

Las preguntas 43 a 45 se basan en la siguiente ilustración.

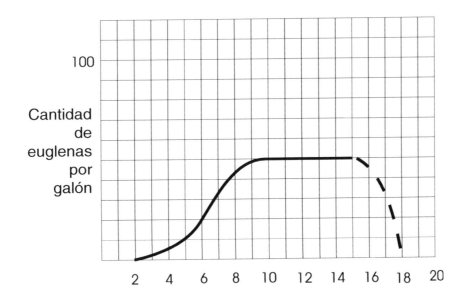

43. De acuerdo con la gráfica, la capacidad de carga de euglenas en ese entorno es de

    (1)   50 euglenas por galón.

    (2)   12.5 días.

    (3)   16 días.

    (4)   100 euglenas por galón.

    (5)   ninguna de las anteriores.

44. The period through which the population grew the fastest was days
    (1)   2 to 4.
    (2)   4 to 6.
    (3)   6 to 8.
    (4)   8 to 10.
    (5)   16 to18.

45. A possible reason for the decline in the number of Euglena is a(n)
    (1)   increase in the natality rate.
    (2)   decrease in the predation rate.
    (3)   increase in the nutrient level.
    (4)   decrease in the mortality rate.
    (5)   increase of waste products.

46. The one hormone listed below that is not associated with the pituitary gland is
    (1)   calcitonin.
    (2)   follicle-stimulating hormone.
    (3)   thyroid-stimulating hormone.
    (4)   growth hormone.
    (5)   ADH.

47. Which of the following are incorrectly paired?
    (1)   Xylem and water
    (2)   Phloem and sap
    (3)   Stomata and guard cells
    (4)   Sieve cells and xylem
    (5)   Xylem and wood

44. El período de crecimiento más rápido de la población es durante los días

    (1)   2 a 4.

    (2)   4 a 6.

    (3)   6 a 8.

    (4)   8 a 10.

    (5)   16 a 18.

45. Una posible razón para la disminución de la cantidad de euglenas es

    (1)   el incremento en la tasa de natalidad.

    (2)   la disminución en la tasa de depredación.

    (3)   el incremento en el nivel de nutrientes.

    (4)   la disminución en la tasa de mortalidad.

    (5)   el incremento en los productos de desecho.

46. La única hormona que no se relaciona con la glándula pituitaria es la

    (1)   calcitonina.

    (2)   hormona folículoestimulante.

    (3)   hormona estimulante de la glandula tiroides.

    (4)   hormona de crecimiento.

    (5)   ADH.

47. ¿Cuál de los siguientes pares es incorrecto?

    (1)   Xilema y agua.

    (2)   Floema y savia.

    (3)   Estomas y células oclusivas.

    (4)   Células cribosas y xilema.

    (5)   Xilema y madera.

Items 48–50 refer to the following information.

The pH scale measures the concentration of an acid or base. Acids have pH values of less than 7. Bases, which can neutralize acids, have pH values greater than 7. Neutralization reactions create salts. The pH scale, like the Richter scale, is logarithmic. Water is considered neutral and has a pH of 7. The chart below lists the pH levels of several substances.

Substance	pH
Lime	1.9
Grapefruit juice	3.5
Human blood	7.5
Seawater	8.2
Magnesium hydroxide	10.5
Lye	13

48. According to the information given, which substance should be used to neutralize grapefruit juice?
    (1) Lime
    (2) Blood
    (3) Seawater
    (4) Magnesium hydroxide
    (5) Lye

49. Which substance has the highest concentration of acid?
    (1) Lime
    (2) Grapefruit juice
    (3) Seawater
    (4) Magnesium hydroxide
    (5) Lye

50. Lime is how much more acidic than seawater?
    (1) About 6 times
    (2) About 8 times
    (3) About 100 times
    (4) About 1,000 times
    (5) About 1,000,000 times

Las preguntas 48 a 50 se basan en la siguiente información.

La escala de pH mide la concentración de un ácido o base. Los ácidos tienen valores de pH menores que 7. Las bases, que pueden neutralizar ácidos, tienen valores de pH mayores que 7. Las reacciones de neutralización forman sales. La escala de pH, como la escala de Richter, es logarítmica. Se considera que el agua es neutra y tiene pH 7. La siguiente tabla indica los niveles de pH de varias sustancias.

Sustancia	**pH**
Lima	1.9
Jugo de toronja	3.5
Sangre humana	7.5
Agua de mar	8.2
Hidróxido de magnesio	10.5
Lejía	13

48. De acuerdo con la información anterior, ¿qué sustancia debería utilizarse para neutralizar el jugo de toronja?

    (1)   Lima.

    (2)   Sangre.

    (3)   Agua de mar.

    (4)   Hidróxido de magnesio.

    (5)   Lejía.

49. ¿Qué sustancia tiene la concentración más alta de ácido?

    (1)   Lima.

    (2)   Jugo de toronja.

    (3)   Agua de mar.

    (4)   Hidróxido de magnesio.

    (5)   Lejía.

50. ¿Cuánto más ácida que el agua de mar es la lima?

    (1)   Alrededor de 6 veces.

    (2)   Alrededor de 8 veces.

    (3)   Alrededor de 100 veces.

    (4)   Alrededor de 1,000 veces.

    (5)   Alrededor de 1,000,000 veces.

ANSWERS AND EXPLANATIONS

1. **The correct answer is (2). (Fundamental understandings)** The tRNA ferries amino acids to the ribosome, site of protein synthesis.

2. **The correct answer is (4). (Fundamental understandings)** mRNA is a complementary copy of DNA.

3. **The correct answer is (3). (Fundamental understandings)** The amino acids are assembled into polypeptide chains as the ribosome moves down the mRNA.

4. **The correct answer is (5). (Fundamental understandings)** The DNA has already been transcribed into mRNA. From left to right, the DNA sequence would read GCT TGT GTG GAA, etc.

5. **The correct answer is (2). (Fundamental understandings)** The anticodon is the three bases at the end of the tRNA that are complementary to the mRNA.

6. **The correct answer is (2). (Fundamental understandings)** The best answer is choice (2) because, while protein synthesis takes place on both free and attached ribosomes, proteins destined for secretion are most often synthesized on ribosomes attached to the ER (rough endoplasmic reticulum).

7. **The correct answer is (1). (Fundamental understandings)** The number of molecules is the coefficient in front of the molecule. In this case it is understood to be 1.

8. **The correct answer is (3). (Fundamental understandings)** There are 3 on the reactant side and 3 on the product side.

9. **The correct answer is (3). (Unifying concepts and principles)** Even without a periodic chart, a student should know some of the basic formula masses such as oxygen, carbon, and hydrogen. Forty-four grams of carbon dioxide is the mass of 1 mole of carbon dioxide ($12 + [16 \times 2]$). Since water and carbon dioxide react in a 1:1 ratio, 1 mole of water will react, which is the same as 18 grams ($[1 \times 2] + 16$).

10. **The correct answer is (3). (Fundamental understandings)** The primary agent for the movement of soil in this case would be wind. Water, choice (1), would also have some effect, but due to the essentially flat topography, water would move little soil. Similarly, the drought, choice (5), was a factor but the passage states that wind blew the soil away.

11. **The correct answer is (5). (Fundamental understandings)** Desertification is primarily a problem of topsoil erosion. High winds, barren fields, and lack of water would all be factors. Compaction of subsoil would be least relevant.

RESPUESTAS Y EXPLICACIONES

1. **La respuesta correcta es la (2). (Interpretación básica)** El ARNt transporta los aminoácidos hasta el ribosoma, lugar donde se sintetizan las proteínas.

2. **La respuesta correcta es la (4). (Interpretación básica)** el ARNm es una copia complementaria del ADN.

3. **La respuesta correcta es la (3). (Interpretación básica)** Los aminoácidos se ensamblan en cadenas de polipéptidos a medida que el ribosoma recorre el ARNm.

4. **La respuesta correcta es la (5). (Interpretación básica)** El ADN ya se transcribió al ARNm. De izquierda a derecha, la secuencia del ADN se leería GCT TGT GTG GAA, etc.

5. **La respuesta correcta es la (2). (Interpretación básica)** El anticodón está constituído por las tres bases al final del ARNt, complementarias al ARNm.

6. **La respuesta correcta es la (2). (Interpretación básica)** La mejor respuesta es la opción (2) puesto que, mientras la síntesis de las proteínas se produce tanto en los ribosomas libres como en los del RE (retículo endoplásmico rugoso), es más común que sean estos últimos los que sinteticen las proteínas secretoras.

7. **La respuesta correcta es la (1). (Interpretación básica)** La cantidad de moléculas es el coeficiente delante de la molécula. En este caso se entiende que es 1.

8. **La respuesta correcta es la (3). (Interpretación básica)** Hay 3 del lado del reactante y 3 del lado del producto.

9. **La respuesta correcta es la (3). (Conceptos y principios unificadores)** Aun sin tabla periódica, un estudiante debería conocer las masas de fórmulas básicas, como las del oxígeno, el carbono y el hidrógeno. Cuarenta y cuatro gramos de dióxido de carbono constituyen la masa de 1 mol de dióxido de carbono ($12 + [16 \times 2]$). Dado que el agua y el dióxido de carbono reaccionan en una proporción 1:1, 1 mol de agua reaccionará, lo que equivale a 18 gramos ($[1 \times 2] + 16$).

10. **La respuesta correcta es la (3). (Interpretación básica)** El principal agente para el movimiento del suelo en este caso sería el viento. El agua, opción (1), también tendría cierto efecto pero, debido a la llanura de la topografía, no movería mucho el suelo. De la misma manera, la sequía, opción (5), sería un factor, pero el párrafo dice que fue el viento el que se llevó parte del suelo.

11. **La respuesta correcta es la (5). (Interpretación básica)** La desertificación es, principalmente, un problema de erosión de la capa superior del suelo. Vientos fuertes, campos áridos y falta de agua también serían factores. Que el subsuelo fuera más o menos compacto sería lo menos relevante.

12. **The correct answer is (4). (Fundamental understandings)** Any efforts to replace the soils, increase nutrients, and increase ground cover would speed recovery. Harvesting crops would actually increase erosion if alternative vegetation was not planted.

13. **The correct answer is (4). (Science as technology)** As the passage explains, lower absorption allows the amplifiers to be more sparsely spaced. The absorption does not affect the data capacity of the fiber, choices (1) and (2), nor the total range of fiber transmission, choice (3). While low-absorption fiber is more expensive, it is not the reason that absorption is important.

14. **The correct answer is (3). (Unifying concepts and processes)** The absorption is reduced from about 0.55 dB/km to 0.27 dB/km: a factor of two. Since the amplifier span is inversely proportional to the absorption, the distance between amplifiers can be doubled, reducing the number of amplifiers by half, from 20 to 10.

15. **The correct answer is (4). (Unifying concepts and processes)** The lowest absorption is for water-free fiber at 1,550 nm, so the greatest savings of amplifiers is achieved by changing to that fiber type and wavelength.

16. **The correct answer is (2). (Fundamental understandings)** Newton's Third Law of Motion requires that something be pushed down for the airplane to be pushed up against gravity. That "something" is the air. The engine does not push the airplane up. While choices (3), (4), and (5) may be true, they do not explain the source of the upward force.

17. **The correct answer is (5). (Fundamental understandings)** A chemical reaction transforms stored chemical energy in the match head into heat and light. While there is some friction in striking the match, it is a negligible part of the energy released, so choice (2) is incorrect. Nuclear energy is not involved, so choice (4) is wrong.

18. **The correct answer is (1). (Fundamental understandings)** This configuration represents glucose, the ring structure most associated with biological activity. It is written as $C_6H_{12}O_6$.

19. **The correct answer is (4). (Fundamental understandings)** Amino acids have an amine group (NH_2), a central carbon with a variable group attached (in this case CH_3), and a carboxyl group (COOH).

20. **The correct answer is (5). (Fundamental understandings)** Saturated fatty acids lack double bonds and are composed of hydrocarbon chains with a carboxyl group.

21. **The correct answer is (2). (Science as inquiry)** All variables, including light, need to be controlled as tightly as possible so that one can best determine the effect of the experimental variable (sound).

12. **La respuesta correcta es la (4). (Interpretación básica)** Cualquier esfuerzo, ya sea reemplazar los suelos, incrementar los nutrientes y aumentar la cobertura de la tierra ayudarían a una recuperación más rápida. La cosecha de los cultivos, si no se plantara vegetación alternativa, aumentaría la erosión.

13. **La respuesta correcta es la (4). (Ciencia como tecnología)** Como lo explica el párrafo, una menor absorción permite una mayor distancia entre amplificadores. La absorción no afecta la capacidad de datos de la fibra, opciones (1) y (2), ni tampoco el alcance total de la transmisión por fibra, opción (3). Pese a que la fibra de menor absorción es más costosa, no es por eso que la absorción es importante.

14. **La respuesta correcta es la (3). (Conceptos y procesos unificadores)** La absorción se reduce de 0.55 dB/km a 0.27 dB/km, aproximadamente: un factor equivalente a dos. Dado que la distancia entre amplificadores es inversamente proporcional a la absorción, se podría duplicar dicha distancia y reducir a la mitad la cantidad de amplificadores, de 20 a 10.

15. **La respuesta correcta es la (4). (Conceptos y procesos unificadores)** La menor absorción corresponde a la fibra impermeable en 1,550 nm, por lo que se ahorraría más en amplificadores si cambiara a ese tipo de fibra con esa longitud de onda.

16. **La respuesta correcta es la (2). (Interpretación básica)** La Tercera Ley de Movimiento de Newton requiere que se empuje algo hacia abajo para que el avión pueda ser propulsado hacia arriba en contra de la gravedad. Ese "algo" es el aire. El motor no empuja el avión hacia arriba. Aunque las opciones (3), (4), y (5) sean ciertas, no explican el origen de la fuerza ascendente.

17. **La respuesta correcta es la (5). (Interpretación básica)** Una reacción química transforma la energía química almacenada en la cabeza del fósforo en calor y luz. Aunque se produzca cierta fricción al encender el fósforo, ésta es una parte ínfima de la energía que se libera, por lo que la opción (2) es incorrecta. La energía nuclear no participa en este proceso, por lo que la opción (4) es incorrecta.

18. **La respuesta correcta es la (1). (Interpretación básica)** Esta configuración representa a la glucosa, la estructura de anillo más asociada a la actividad biológica. Se expresa como $C_6H_{12}O_6$.

19. **La respuesta correcta es la (4). (Interpretación básica)** Los aminoácidos tienen un grupo amino (NH_2), un carbono central al cual se une un grupo variable (en este caso, CH_3) y un grupo carboxilo (COOH).

20. **La respuesta correcta es la (5). (Interpretación básica)** Los ácidos grasos saturados no tienen enlaces dobles y están compuestos por cadenas de hidrocarburos con un grupo carboxilo.

21. **La respuesta correcta es la (2). (Ciencia como investigación)** Todas las variables, incluida la luz, deben controlarse lo más estrictamente posible, de modo que se pueda determinar el efecto de la variable experimental (el sonido).

22. **The correct answer is (4). (Science as inquiry)** The dependent variable is what is measured as a result of the independent variable. Stuart was using the mass as a measure of plant growth.

23. **The correct answer is (2). (Science as inquiry)** Stuart was changing the types of music to see if they had an effect on plant growth (mass).

24. **The correct answer is (5). (Science and technology)** This question was designed to illustrate the stated principle and to show that computers are used in scientific research in many fields, such as phylogenetic analysis, protein structure and function, CAT scans, and many other applications.

25. **The correct answer is (2). (Fundamental understandings)** Friction results in the conversion of mechanical energy to heat. No electrical energy is produced. Work is done on the block because a force acts on it over a distance.

26. **The correct answer is (4). (Science as inquiry)** Since 2 hours is 120 minutes, the graph indicates that the orbital radius should be about 8,000 km.

27. **The correct answer is (1). (Fundamental understandings)** The ice has more volume than the water it displaces, but its volume will be reduced when it melts, since it is less dense than water. The Principle of Archimedes guarantees that the volume of water added from melting ice is equal to the volume of water displaced since their weights are the same.

28. **The correct answer is (3). (Fundamental understandings)** Constant acceleration means that the speed is increasing at a constant rate, so the velocity continues to increase until the end of the fall.

29. **The correct answer is (2). (Unifying concepts and principles)** It takes 180 units of °F to go from freezing to boiling. It only takes 100 units of °C. Therefore, each 18 units of °F is the same as 10 units of °C.

30. **The correct answer is (2). (Unifying concepts and principles)** There is no indication of physical states or exact times. However, compounds higher on the y-axis have more energy. Thus, C and D are lower in energy than A and B.

31. **The correct answer is (3). (Fundamental understandings)** Gravity would pull water down until it reached a layer that is impermeable. Choices (1), (2), and (3) are all above the impermeable rock layer.

32. **The correct answer is (3). (Fundamental understandings)** Many samples of sandstone would allow water to pass through. All other choices are much denser and nonporous.

22. **La respuesta correcta es la (4). (Ciencia como investigación)** La variable dependiente es lo que se mide como resultado de la variable independiente. Stuart utilizó la masa como medida de crecimiento de las plantas.

23. **La respuesta correcta es la (2). (Ciencia como investigación)** Stuart cambió los tipos de música para ver si provocaban algún efecto en el crecimiento de las plantas (masa).

24. **La respuesta correcta es la (5). (Ciencia y tecnología)** Esta pregunta sirve para ilustrar el principio expuesto y para mostrar que las computadoras se utilizan para realizar investigaciones científicas en diversos campos, tales como análisis filogenéticos, determinación de estructuras y funciones proteicas, tomografías y muchas otras aplicaciones.

25. **La respuesta correcta es la (2). (Interpretación básica)** La fricción da como resultado la conversión de la energía mecánica en calor. No se produce energía eléctrica. Se realiza un trabajo sobre el bloque porque hay una fuerza que actúa sobre él a lo largo de una distancia determinada.

26. **La respuesta correcta es la (4). (Ciencia como investigación)** Dado que 2 horas son 120 minutos, la gráfica indica que el radio orbital debería ser de 8,000 km.

27. **La respuesta correcta es la (1). (Interpretación básica)** El hielo tiene mayor volumen que el agua que desplaza, pero su volumen se reducirá cuando se derrita, puesto que es menos denso que el agua. El Principio de Arquímedes asegura que el volumen que se agrega al derretirse el hielo es igual al volumen del agua desalojada, dado que tienen el mismo peso.

28. **La respuesta correcta es la (3). (Interpretación básica)** Aceleración constante significa que la rapidez aumenta a un ritmo constante, de modo que la velocidad sigue aumentando hasta el fin de la caída.

29. **La respuesta correcta es la (2). (Conceptos y principios unificadores)** Se necesitan 180 unidades de °F para pasar de la congelación a la ebullición. Pero se requieren sólo 100 unidades de °C. Por lo tanto, 18 unidades de °F equivalen a 10 unidades de °C.

30. **La respuesta correcta es la (2). (Conceptos y principios unificadores)** No se indican estados físicos ni tiempos exactos. Sin embargo, los compuestos que están más arriba en el eje y poseen más energía. Así, C y D poseen menos energía que A y B.

31. **La respuesta correcta es la (3). (Interpretación básica)** La gravedad atraería el agua hacia abajo hasta llegar a una capa impermeable. Las opciones (1), (2), y (3) están todas arriba de la capa de roca impermeable.

32. **La respuesta correcta es la (3). (Interpretación básica)** Muchas muestras de arenisca permitirían el paso del agua. Todas las otras opciones son mucho más densas y no porosas.

33. **The correct answer is (4). (Fundamental understandings)** A well drilled to the bottom of the saturation zone would be productive as long as some water existed within the ground. The impermeable zone contains no water, and wells drilled to the layers outlined in choices (1), (2), and (3) could dry up. The diagram is schematic only, so there is no way of knowing if a 30-foot-deep well, choice (5), would be deep enough.

34. **The correct answer is (5). (Fundamental understandings)** If there are only two alleles in the population, their sum is 1, or $p + q = 1$. Squaring both side gives $p^2 + 2pq + q^2 = 1$. People with sickle-cell anemia are the q^2 group, and are equal to 0.0004. By taking the square root of q^2, we get $q = 0.02$.

35. **The correct answer is (1). (Fundamental understandings)** The only people who can't pass along the gene are the p^2 group, which is 0.982 or about 96%.

36. **The correct answer is (2). (Fundamental understandings)** The people with the sickle-cell trait are the $2pq$ group, or 3.92%.

37. **The correct answer is (3). (History and nature of science)** Ultracentrifuges separate things according to their density.

38. **The correct answer is (2). (History and nature of science)** Darwin was not, as many people suppose, an original thinker about evolution. His claim to fame is stated in the title to his book, *On the Means of Evolution by Natural Selection.*

39. **The correct answer is (5). (Science as inquiry)** The map key indicates that bands of diagonal stripes indicate rain. Of the listed choices, only San Francisco shows rain.

40. **The correct answer is (1). (Science as inquiry)** The weather immediately west of Washington shows the profile mentioned in the question. Given that weather fronts move eastward on the prevailing winds, Washington is likely to experience the stated weather soon.

41. **The correct answer is (4). (Fundamental understandings)** The presence of marine fossils in mountainous regions implies either that those regions were once at lower elevations or there once was an ocean covering the region in question. Either way, the crust must have undergone great changes. Choices (1), (2), (3), and (5) represent agents of erosion, but the fact that they change the surface of the earth today is not proof that they did so in the past.

42. **The correct answer is (1). (Science in personal and social perspective)** Carbon dioxide traps heat within the atmosphere. Methane also has heat-trapping properties, but carbon dioxide is many times more abundant.

33. **La respuesta correcta es la (4). (Interpretación básica)** La perforación del pozo hasta la parte inferior de la zona de saturación sería productiva en la medida que hubiera algo de agua en el suelo. La zona impermeable no contiene agua, y los pozos perforados hasta las capas de las opciones (1), (2) y (3) podrían secarse. El diagrama es sólo un esquema, de modo que no hay forma de saber si un pozo de 30 pies de profundidad, opción (5), sería lo suficientemente profundo.

34. **La respuesta correcta es la (5). (Interpretación básica)** Si sólo hay dos alelos en la población, la suma de éstos es 1, o $p + q = 1$. Ambos lados elevados al cuadrado da $p^2 + 2pq + q^2 = 1$. Las personas con anemia falciforme constituyen el grupo q^2 y equivalen a 0.0004. Si sacamos la raíz cuadrada de q^2, obtenemos $q = 0.02$.

35. **La respuesta correcta es la (1). (Interpretación básica)** Las únicas personas que no pueden transmitir el gen son las del grupo p^2, que equivale a 0.982 o alrededor del 96%.

36. **La respuesta correcta es la (2). (Interpretación básica)** Las personas con el rasgo falciforme son las del grupo $2pq$, o 3.92%.

37. **La respuesta correcta es la (3). (Historia y naturaleza de la ciencia)** Las ultracentrífugas separan las cosas de acuerdo a su densidad.

38. **La respuesta correcta es la (2). (Historia y naturaleza de la ciencia)** Darwin no fue, como se suele pensar, el pensador que dio origen a la idea de la evolución. Lo original de su obra se aprecia en el título de su libro, *Sobre los Medios de la Evolución por Selección Natural.*

39. **La respuesta correcta es la (5). (Ciencia como investigación)** Según la explicación de los signos del mapa, las franjas con líneas oblicuas indican lluvia. De las opciones enumeradas, sólo en San Francisco hay lluvia.

40. **La respuesta correcta es la (1). (Ciencia como investigación)** El estado del tiempo justo al oeste de Washington presenta el perfil que se menciona en la pregunta. Puesto que los frentes meteorológicos se mueven hacia el este con los vientos preponderantes, es probable que Washington pronto experimente el tiempo mencionado.

41. **La respuesta correcta es la (4). (Interpretación básica)** La presencia de fósiles marinos en regiones montañosas implica que dichas regiones alguna vez estuvieron a menor altura o que había un océano que cubría la región en cuestión. Sea como sea, la corteza debe de haber experimentado grandes cambios. Las opciones (1), (2), (3) y (5) representan a agentes erosivos, pero el hecho de que hoy cambien la superficie de la Tierra no indica que lo hayan hecho en el pasado.

42. **La respuesta correcta es la (1). (Ciencia desde una perspectiva personal y social)** El dióxido de carbono retiene el calor dentro de la atmósfera. El metano también tiene propiedades de retención de calor, pero el dióxido de carbono es varias veces más abundante.

43. **The correct answer is (1). (Science as inquiry)** The graph shows that the line parallel to the *x*-axis is about halfway to 100.

44. **The correct answer is (3). (Science as inquiry)** The fastest rate is the steepest slope, since slope is proportional to rate.

45. **The correct answer is (5). (Fundamental understandings)** All other factors would serve to increase the number, and organisms can and do suffocate in their own wastes.

46. **The correct answer is (1). (Fundamental understandings)** Calcitonin is produced in the thyroid gland.

47. **The correct answer is (4). (Unifying concepts and processes)** Sieve cells are associated with phloem, the tissue that transports sugars or sap.

48. **The correct answer is (4). (Science in personal and social perspective)** Magnesium is as far to one side of neutral as grapefruit juice is to the other.

49. **The correct answer is (1). (Fundamental understandings)** The lower the pH value, the more concentrated the acid.

50. **The correct answer is (5). (Unifying concepts and principles)** Since this is a logarithmic scale, each increase in a whole number is a tenfold increase.

43. **La respuesta correcta es la (1). (Ciencia como investigación)** La gráfica muestra que la línea paralela al eje *x* llega hasta la mitad de 100.

44. **La respuesta correcta es la (3). (Ciencia como investigación)** La mayor velocidad coincide con la pendiente más pronunciada, dado que la pendiente es proporcional a la velocidad.

45. **La respuesta correcta es la (5). (Interpretación básica)** Todos los otros factores servirían para incrementar la cantidad; los organismos pueden sofocarse en sus propios desechos y, de hecho, lo hacen.

46. **La respuesta correcta es la (1). (Interpretación básica)** La calcitonina se produce en la glándula tiroides.

47. **La respuesta correcta es la (4). (Conceptos y procesos unificadores)** Las células cribosas se relacionan con el floema, el tejido que transporta azúcares o savia.

48. **La respuesta correcta es la (4). (Ciencia desde una perspectiva personal y social)** El magnesio se aleja del neutro hacia un lado en la misma medida que el jugo de toronja hacia el otro.

49. **La respuesta correcta es la (1). (Interpretación básica)** A menor valor de pH, mayor concentración del ácido.

50. **La respuesta correcta es la (5). (Conceptos y principios unificadores)** Puesto que se trata de una escala logarítmica, cada incremento de un número entero se multiplica por diez.

InterLingua

Publishing

CATALOG

Healthcare

Education

Legal

Technology

Business

E d u c a t i o n

Spanish GED

GED Test Prep and Career Materials

Practice Tests

Math $25.95

978-1-884730-55-9 (CD)
978-1-1884730-49-8
(Hard Copy)

Science $25.95

978-1-884730-56-6 (CD)
978-1-884730-50-4
(Hard Copy)

Social Studies $25.95

978-1-884730-57-3 (CD)
978-1-884730-52-8
(Hard Copy)

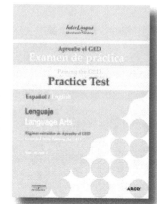

Language Arts $25.95

978-1-884730-58-0 (CD)
978-1-884730-51-1
(Hard Copy)

Lessons and Practice Tests

Spanish / English
(5-CD set) $79.95

1-884730-40-X

Spanish only
(1-CD) $39.95

1-884730-48-5

Careers

Get That Job!
$24.95

978-1-60299-020-3(Hard Copy)

Academic study aids and literacy tools for students in high school and college

Facts About Health

Patient education materials, such as pre-natal and child care, in six languages

English $75

358 Patient Education Titles
978-1-60299-000-5

Spanish $75

200 Patient Education Titles
978-1-60299-002-9

Chinese $75

123 Patient Education Titles
978-1-60299-001-2

Vietnamese $75

122 Patient Education Titles
978-1-60299-004-3

Korean $75

85 Patient Education Titles
978-1-60299-003-6

Arabic $75

29 Patient Education Titles
978-1-60299-005-0

Facts About Health Full Collection $399
978-1-60299-022-7

Patient education materials, such as pre-natal and child care, in English, Spanish, Chinese, Vietnamese, Korean, and Arabic

http://www.FactsAboutHealth.com

E d u c a t i o n

NotePodCasts

Academic study aids and literacy tools for students in high school and college

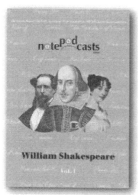

Vol. I $24.95
CD: 978-1-60299-006-7
Book: 978-1-60299-023-4

Vol. II $24.95
CD: 978-1-60299-007-4
Book: 978-1-60299-024-1

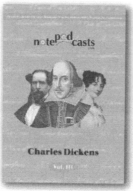

Vol. III $24.95
CD: 978-1-60299-008-1
Book: 978-1-60299-025-8

Vol. IV $24.95
CD: 978-1-60299-009-8
Book: 978-1-60299-026-5

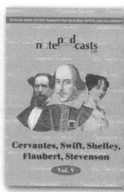

Vol. V $24.95
CD: 978-1-60299-010-4
Book: 978-1-60299-027

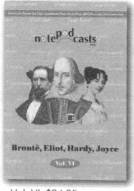

Vol. VI $24.95
CD: 978-1-60299-011-1
Book: 978-1-60299-028-9

Vol. VII $24.95
CD: 978-1-60299-012-8
Book: 978-1-60299-029-6

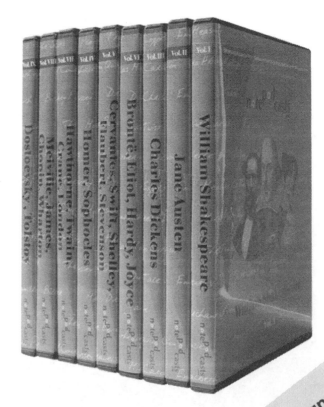

The Full Collection $199.95
CD: 978-1-60299-018-0
Book: 978-1-60299-033-3

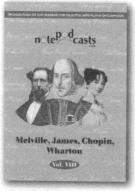

Vol. VIII $24.95
CD: 978-1-60299-013-5
Book: 978-1-60299-030-2

Vol. IX $24.95
CD: 978-1-60299-014-2
Book: 978-1-60299-031-9

Academic study aids and literacy tools for students in high school and college

Ecucation d u c a t i o n

Tadell Math Books

Testing and teaching materials to help Spanish speaking children in grades 3 - 8 improve their math skills

Math Glossary $24.95
Spanish/English

1-884780-69-8

Math Assessment
Spanish/English

Math Development
Workbooks
Spanish/English

Please visit www.Tadell.com for more information.

History

The Mesopotamia Mess

The British Invasion of Iraq in 1914

What we could have - and should have - learned

By Jack Bernstein

The Mesopotamia Mess
(245 pages) $14.95

978-1-60299-017-3

After invading Iraq in 1914 to protect their oil interests, the British: fought a four year war against the Turks and a 12-year insurgency against the Iraqi's; negotiated a clandestine deal with the French to subvert its League of Nations Mandate; and, maintained a military and political presence in Iraq until a revolution forced them out 1958.

As seen in the New York Review of Books

Sales and Marketing Materials

A description of a customer-driven sales strategy that constantly analyzes itself and seeks to improve service to clients

0-9616226-7-9 ($29.95)

Hints from a former Executive Recruiter about how to get a good job in sales

0-9616226-5-2 ($12.50)

The popular classic guide to help magazines and newspapers improve their advertising sales

0-9616226-1-XI ($37.50)

Techniques for making a publication's most important sales tool more effective

0-9616226-4-4 ($17)

Ideas from dozens of restaurants nationwide to help the owner or manager improve sales

0-9616226-2-8 ($32.50)

Tips for using a menu as a way to increase revenues and profitability

0-9616226-8-7 ($22.50)

InterLingua
Publishing

Order Form

Item No. / ISBN No.	Product Name	QTY	Price	Total

Subtotal	$
Tax	$
S&H Ground	$
Total	$

Shipping
6% of subtotal
with a $6 minimum.

Payment

Check Enclosed ❏ MasterCard ❏ VISA ❏ AMERICAN EXPRESS ❏ Purchase Order

dholder's Name: _____

count Number: _____   Exp.Date: _____

nature: _____   Date: _____

SHIPPING ADDRESS

npany: _____

tact: _____

pping Address: _____

_____: _____ State: ____ Zip: _____

ne: _____ Fax: _____

ail: _____

BILLING ADDRESS

Company: _____

Contact: _____

Shipping Address: _____

_____

City: _____ State: ____ Zip: _____

Phone: _____ Fax: _____

Email: _____

ecial instructions

423 S. Pacific Coast Hwy., Suite 208, Redondo Beach, CA 90277
310.792.3635 / 310.356.3578(Fax) / Publisher@InterLinguaPublishing.com

Made in the USA
Charleston, SC
27 April 2011